近現代中華文化思想叢刊

清末新知識界的社團與活動

下冊

桑兵　著

目次

第六章
中國教育會

　　一九〇二年春成立於上海的中國教育會，一般僅被視為進步人士所辦的教育機構，而教育救國沒有超出改良的範圍。認真翻閱一下有關資料，發現包括孫中山在內的幾乎所有辛亥風雲人物都或多或少與該會有過關係；作為一個有著秘密革命核心的組織，它比華興會、光復會成立得早，並直接對這兩個革命團體產生了影響，與興中會也保持著相當密切的聯繫；其活動對於扭轉戊戌以來的時論風尚，掀起內地革命風潮起了重要作用；而該會內部的矛盾分歧以及由此引起的多次分裂，又尖銳地表現出近代新興知識分子固有的弱點，以及他們在社團組織與活動方面的種種痼疾。此外，還可以從中探查江浙開明士紳在社團組織中的人脈關係。

一　雙重屬性

　　中國教育會成立於一九〇二年春。先是，蔡元培與葉瀚、蔣智由、王季同、汪德淵、黃宗仰、王慕陶等人於四月十五日商議籌組中國教育會。四月二十七日，由在滬同人選舉蔡元培擔任事務長（即總理），王慕陶、蔣智由、戢元丞、蒯壽樞等任幹事，陳仲謇為會計。隨即函邀江浙各地同志赴滬，於五月四日召開成立大會。[1]入會者「或為

1　蔡元培：《雜記》；蔣維喬《鷦居日記》壬寅三月三十日記：「廿六日，偕鍾憲鬯先
　　生、丁君益孫、黃君子彥同舟渡江至滬，赴中國教育會。舟小風大，至中流浪高丈

學校師，或為編譯員，或為新聞記者，或為學生」[2]，「都是海上及內地頂有名望的人，總共也聚了一百多人。」[3]新型知識分子構成該會的主體。中國教育會的出現，表明在上海這個中西交匯的新興大都市中，新知識群體已經聚合發展，形成獨立的社會力量，具有相對固定的角色地位，並要求通過自己的社團組織與活動，進一步擴大社會影響。

關於中國教育會的緣起與性質，馮自由說是因為當時「譯本教科書多不適用，非從新編訂完善，不足以改良教育。因聯絡海上有志之士，發起中國教育會為策動機關。倡議諸子，均屬熱心民族主義之名宿，故此會不啻隱然為東南各省革命之集團。」[4]中國教育會的重要骨幹蔣維喬則極力肯定該會「表面辦理教育，暗中鼓吹革命。」[5]而吳稚暉又對蔣說表示否定。[6]因而仍是一樁懸案。

事實上，中國教育會的確從一開始就存在一個秘密革命核心，他們立會的意圖，是想憑藉當時最為風行的興辦教育的名義，以學校為培養革命力量的基地，展開宣傳組織活動，並不拘泥於發展教育。一九〇四年四月三日，蔣維喬曾在一封致中國教育會諸君書中明確指出：「原設會之本意，諸君子固別有宗旨，不過借教育為表面。」「窺諸君子之用意，蓋以中國垂危，教育之效終嫌緩不濟急，故恒持虛無共產主義為救急第一良策。」不知底細者「固抱一教育普及之念而來，一入其中，微聞其內容則駭而走耳。此所以入會者前後有百餘

余，振動殊甚。四人促膝長談，言笑自若，志殊壯甚。既渡江而無輪舟，已不及與會，遂反。」

2　《告中國教育會》，《俄事警聞》，1903年12月22日。

3　《文明介紹》，《中國白話報》，第7期，1904年3月17日。

4　馮自由：《革命逸史》，初集，第115-116頁。

5　《中國教育會之回憶》，上海通社編：《上海研究資料續集》，上海，中華書局，1939年版，第84頁。

6　吳稚暉：《回憶蔣竹莊先生之回憶》，《東方雜誌》，第33卷，第1號，1936年1月1日。

人，至今十不存一也。」有鑑於此，他提議：「諸君子欲達目的，則宜秘密者應另組織一秘密之部，而教育會自以普及教育為宗旨」，使「名實相符，可期發達，不致蹈前此之弊，與誘人入會無異。」[7]值得注意的是，當該會機關報《警鐘日報》將這封信刊出時，卻把其中涉及秘密宗旨的內容全部刪除。[8]可見是有意加以隱蔽，以防意外。

　　從會員的思想傾向看，的確有一批核心人物已經脫離維新的舊軌，走上或是趨向革命的新路。他們不僅自己從事各種形式的革命活動，而且力主將其政治主張定為組織的秘密宗旨，並反映到中國教育會的公開章程與行動方針中去。該會章程總則規定：「本會以教育中國男女青年，開發其智識而增進其國家觀念，以為他日恢復國權之基礎為目的。」[9]後來修訂章程時，又將「教育中國男女青年」擴大為「教育中國國民」。關於「恢復國權」，激進會員有進一步的解釋：「我等所以設立此會者，實欲造成理想的國民，以建立理想的國家。」「我等理想的國家絕非俄羅斯，絕非德意志，乃純然共和思想，所以從國民作起。否則亦當如腐敗之報館，日日望朝廷變法而已，又何勞我輩窮措大擔任此國民之事乎？我輩欲造成共和的國民，必欲共和的教育。要共和的教育，所以先立共和的教育會。」[10]

　　一九○三年初，中國教育會在致海外同胞書中追述了立會的動機：「專制之毒，痛於學界，遞積遞演，則國民之萌蘗者愈受催殘，一也；外人利我教育權者，將陰施其狡獪，益深我奴隸之資格，二也。循斯二者，已足以夷吾族姓矣，況豐禍之交乘而迭至者乎？同胞同胞，吾儕不自振拔，偷懦憚事，失今不圖，必無幸免之希望矣。」[11]

7　《鵑居日記》，甲辰二月十八日。

8　《爭存會變更議案》，《警鐘日報》，1904年4月7日。

9　《中國教育會章程》，《選報》，第21期，1902年7月5日。

10　《愛國學社之建設》，《選報》，第35期，1902年11月20日。

11　《教育會之公函》，《新民叢報》，第27號，1903年3月12日。

矛頭指向專制教育和列強的文化侵略。

中國教育會名義上是為了發展民辦教育，即使這方面的活動，也帶有反清意向。會員們說：「各處奉諭建設大中小蒙各學堂，其實行奴隸教育綽有餘裕，何勞我輩窮措大擔任此教育乎？」[12]所以如此，其目的就在於培養革新改造的新國民。愛國學社開學之日，中國教育會代表人蔡元培發表祝辭道：

> 吾中國教育會建立之始，即議先舉實事，以為本會發達之基本。經營半年，始有此愛國學社，是為本會實現理想之第一步，故學社之前途於本會前途實有重大之關係。……近今吾國學校日月增設，其所授科學誠非可一筆抹殺者，然其精神上之腐敗之卑猥絕不能為之諱。此如人之有官體無神經，則土偶傀儡之類耳。吾輩今既以製造神經為主義，則有三希望焉：一曰純粹其質點，則沉浸學理以成國民之資格是也。二曰完全其構造，則實踐自治以練督制社會之手段是也。三曰發達其能力，則吾學社不惟以為雛形，而以為萌芽，以一夫不獲之貴，盡萬物皆備之量，用吾理想普及全國，如神經繫之遍布腦筋於全體是也。嗚呼！吾學社果能達此希望乎？則微特學社之光榮，微特吾教育會之關係，吾中國之前途，實大被其影響焉。[13]

這段話的含義，又可以從蔡元培在處理潯溪公學第二次退學風潮時所講的一番話中找到注解。他認為學生中有一派人「自以已負國民之義務」，「又日染於譯書之理論，日激於新聞之記載，則憤叱狂囈、血湧技癢，不知其所由。」他們是可以用作清除擋路巨岩的「爆烈之

---

12 《愛國學社之建設》，《選報》，第35期，1902年11月20日。
13 蔡元培：《愛國學社開校祝辭》，《選報》，第35期，1902年11月20日。

材料」，「其性質喜理論惡實驗，喜涉獵惡記誦，喜頓悟惡馴致，喜自檢束，不喜受人檢束，喜自鞭闢，不喜受人鞭闢。此其人宜自集其同志為一學社，延其所心服若吉田松蔭、西鄉南洲之流而師之，不拘拘於學科之常例，而要以淬厲其志氣，增長其見識為主義，則他日必當為我國革新之先導者。」一九〇二年七月留日學界發生成城學校入學衝突事件時，「中國教育會擬函勸留學者回國，而於上海設一學校以待之」，[14]未能實現。但在南洋公學退學後便趁機開辦了愛國學社。這種培養「爆裂之材料」、「革新之先導」的計劃，從一開始就確定為中國教育會的辦事方針，而愛國學社學生在中國教育會的幫助引導下，果然成為革命骨幹。

當時的進步輿論正是從這一角度來歡呼中國教育會的誕生。有人滿懷希望地說：中國「猶有一線生機之可望者，則有志之士接踵而起，以教育自任，以開化為職，播革命之種子，湧獨立之風潮，大聲而疾呼之，冀什一於千百，此誠吾國前途之大幸歟！」他進一步分析道：「今日言革命絕不能出二範圍，曰和平，曰激烈。今日而望和平革命歟？政府昏沉……，和平革命不可得，必出於激烈。」而激烈革命非「翩翩文士之所能為」，「則必望於下流社會以為之。然下流社會雜然無規則，續然無條理，又絕不能奏功。」既不能驟興革命，又不可坐以待斃，所以，「察今日之時，度今日之勢，救中國之亡，拯吾民之危，必以教育為第一義。」於是高聲贊道：「善哉！今日滬上諸志士之設中國教育會也，可謂洞知病源而施苓術者矣！吾中國之復興將於斯焉賴矣。」[15]

---

14 蔡元培：《潯溪公學第二次衝突之原因》，《選報》，第35期，1902年11月20日。以上兩文為各種文集、年譜、傳記失載。

15 仁和馬世傑軼群：《與陳君逸庵論杭州宜興教育會書》，《新世界學報》，第12期，1903年3月13日。

當然，中國教育會又不同於興中會或後來的華興會、光復會，它明確提出要推翻君主專制統治，建立民主共和政治，並且認識到只能通過「激烈革命」來實現這一目標，但它並不是秘密反清團體，其「激烈革命」主要體現為廣泛進行革命宣傳和暗中培養革命力量。立會初期，組織的革命色彩並不明顯。隨著形勢的發展，激進會員不僅強化了宣傳上的激烈程度，而且越來越認識到武力反清的重要性。只是他們受無政府主義虛無共產思想的影響，以極大的熱情和堅韌的毅力從事暗殺活動的訓練和準備，而沒有籌畫過武裝起義。

與其他革命小團體相比，中國教育會還有一點明顯的不同，即在其內部存在著激烈、溫和兩派，「激烈派主張以學校為革命秘密機關，蔡子民主之；溫和派則以名實應求相副，不如純粹辦教育，培養國民，葉浩吾等主之。」[16]所以該會又類似政治聯盟，兩派各自奉行一套公開或秘密宗旨。由於這種分歧，雙方往往各行其是，溫和派不參加激烈派的反清密謀，激烈派也有意避開溫和派。因此在進行革命活動時，一般不是以組織的名義出現，而是由會中的秘密核心來實施。部分核心會員所持秘密革命宗旨與整個組織的公開宗旨並行共存。圍繞宗旨及組織上公開與秘密的兩重性，兩派展開既合作依存又磨擦衝突的複雜關係。激烈派須借助公開宗旨來保障團體的合法生存，以便於活動，貫徹秘密宗旨，溫和派則須藉重激烈派的力量。

在會務迭遭挫折的情況下，溫和派對於激烈派「諸君子身在教育會中，而盡力於教育者甚少」的現狀極為不滿，屢次企圖取消秘密宗旨，主張「本會非他會可比，可以直接或間接盡力於教育者為界，非如秘密黨可以雜然並蓄也。」進而提出：「我會之根本宜確定者」，就是改宗旨為單純普及教育。[17]要求將中國教育會由一個以激進的全面

---

16 《中國教育會之回憶》，上海通社編：《上海研究資料續集》，第98頁。

17 《鶴居日記》，甲辰二月十八日。

社會變革為目的的政治團體變為純粹的教育機構。

　　中國教育會內部以宗旨為焦點的分歧爭論，其內涵卻不是兩派政治立場上的根本對立，而是行動方針與策略的見解有異。中國教育會中雖有個別保皇派分子，如龍澤厚以及後來轉向保皇派的蔣智由，但內部兩派紛爭並非革命與保皇派衝突的延續。蔣維喬是溫和派的重要成員，也是提出改變宗旨意見書的動議人，他在戊戌以前便開始接受新思想，先後閱讀了多種新書新報，並翻譯了《佛國革命戰史》五卷。其「生平極厭科舉，凡考試均以遊戲視之，」懷抱追求科舉功名以外的「鴻鵠之志」。對專制統治者「竭天下之資財以奉其上，猶自以為不足」的貪婪橫暴深惡痛絕，十分嚮往西方民主制度。一九○二年他進入南菁學堂，「與諸教習及同學志士相處，乃大悟新學界之別開生面」，思想學問與日俱進。「又多識滬上志士，而恨南菁學堂之腐敗」，退學到常州開辦修學社，組織團體，「以邑民同盟為國民同盟之基礎。」至此，他才感到「學識始有所歸宿，而抱定變革宗旨矣。」其內心世界漸與反清革命發生共鳴。一次，他與來華任教的日本教習小谷長尾晤談，後者作詩譏諷京師大學堂新定章程，輕蔑之意，流於言表。他當即指出：「中國政府實屬可笑，而不能將中國之人一概抹殺也。」並奮筆和詩曰：「會看漢族風雲變，大澤龍蛇淮泗村。」[18]期望反清義軍揭竿而起，排滿革命情緒躍然紙上。

　　一九○三年南京陸師學堂發生退學風潮，蔣維喬撰文評論，開篇大呼：「奴隸之劣根性種於二千年，童而習之，長而遂安之，生而循之，死而莫知之，可哀哉，我黃帝文明之子孫也！」視學潮為「獨立之萌芽」，「專制之力益甚，則學界之團結亦益固」，讚揚學生「其功比於大禹之治水，周公之驅猛獸，有過之無不及也。」並希望造成

---

18 《鰈居日記》，壬寅四月廿三日、正月三十日、十二月三十日，癸卯十二月十四日。

「以長江為中樞,北而黃河,南而西江,風潮遍及,由水而陸,則可普及全國」的大好局面,「而海上設總部,握其機關,隱然而成立國會,獨夫民賊不足平也。」為此,他「惟日夜禱祝壓力之日益甚,使抵力日益強,夫而後度盡全國奴隸根性,而我黃帝文明之子孫可自立於二十世紀之天地也!」[19]顯然,反對清政府及整個君主專制制度已成為其思想主導,排滿革命口號呼之欲出。

溫和派領袖葉瀚的經歷則反映出這一類人政治態度的變化發展。葉字浩吾,上海格致書院肄業生。早年入鄂省張之洞幕府。戊戌期間,與汪康年等籌辦浙學會,下設格致、時務、農學、蒙學四會,一面「為將來團練張本」,一面抵拒康有為的「南海偽學」「侵入浙界」,[20]儼然為浙學領袖。正氣會成立時,他以革新派身份加入。[21]後來唐才常另籌自立會,由他繼任正氣會幹事長。[22]一九〇〇年七月二十六日,在中國議會第一次大會上擔任主席,七月二十九日第二次大會時,當選為書記。一九〇一年,應龐青城之聘,出任潯溪公學校長。[23]上述經歷表明,他不僅是一位在清末江浙知識界,尤其是開明士紳中頗具影響的人物,而且總能與時俱進,始終置身於政治的前沿核心。作為中國教育會的發起人之一,他不僅積極興辦教育,對激進派的活動也予以配合支持,義務承擔了愛國女校和愛國學社的教職。《蘇報》案發生之際,他冒險前往愛國學社勸章炳麟等「留此身以有待」[24],後來又與身陷囹圄的章炳麟等時通消息,並親自迎接章氏出

---

19 《論南京陸師學堂退學事》,《蘇報》,1903年4月13日。

20 1898年8月1日《葉瀚來書》,上海圖書館編:《汪康年師友書札》(三),第2600頁。

21 田野桔次:《最近支那革命運動》,第1章。

22 1900年6月18日《周善培來書》,上海圖書館編:《汪康年師友書札》(二),第1196頁。

23 天仇:《龐青城事略》,《民權報》,1912年5月8日。

24 吳稚暉:《上海〈蘇報〉案紀事》,中國史學會編:《中國近代史資料叢刊‧辛亥革命》(一),第405頁。

獄，陪同其前往中國公學。[25]他們與激烈派的分歧，主要在於行動步驟與策略。正如蔣維喬在更改宗旨意見書中所說：

> 陳義至高，實行至難之事，惟有躬先蹈之，以倡天下。斷無自己不為，而以空言號召即能成事者。諸君子手無縛雞之力，而日以暗殺望人，身為窮措大而日以共產望人，何其顛倒謬誤，一致此歟？

誠然，在一些重大問題的認識上，他們與梁啟超等人還有相通相似之處，如所謂人民程度問題，蔣維喬說：

> 況中國人程度之淺，不可以道里計。諸君子未嘗一一研究，而欲驟語以至高之主義，譬諸執負販細人而語以哲理，其誰聽之？且諸君子亦嘗以至高之義施諸年少學生矣，血氣未定，文字未通，而導以革命事業。彼青年者，喜其言之便於肆意妄行，而實行家庭革命者甚多，而滿洲政府則依然也。

因此他斷言：「教育未普及，民智民德未進步，而語以至高之義，則有百弊而無一利。」[26]姑且不論這種認識的是非正誤，即就論點本身而言，也不能與保皇派的政治主張相提並論。他們把改革當成革命的前奏序曲，通過改革為革命創造條件，造成最終推翻專制統治的力量與形勢，而不像保皇－立憲派那樣，多少有以改革抵製革命的意向。正因為兩派基本立場相吻合，才會一致同意將人所共知作為國內

25　《中國教育會之回憶》，上海通社編：《上海研究資料續集》，第96-97頁。

26　《鵻居日記》，甲辰二月十八日。

革命輿論中心的《蘇報》和《警鐘日報》收為該會的正式機關報，同時溫和派也才會在了解激烈派秘密宗旨的情況下，維持組織的統一。

中國教育會中溫和派的思想與政治動向，具有一定的典型意義。該會成員主要是戊戌以後一直活躍於江南政壇的開明士紳，他們大都從事文教新聞活動，與從官場到民間秘密會社的各種政治勢力有著錯綜複雜的關係。在變法失敗和庚子國恥的刺激下，其反清情緒日益激化，革命鋒芒逐漸銳利。中國教育會的成立，就是他們革命化趨勢增強的具體表現和直接產物。在留日學界和國內學界也出現了同樣的趨勢，反映出當時中國新興知識階層基本或主導的動向。一個具有秘密革命宗旨和組織核心的中國教育會，適應政治風尚的變化，因而迅速崛起，對一九○三至一九○五年間中國政局的風雲變幻發生重要影響。當然，這種轉變需要經歷一個過程，開始他們的言行不可避免地帶有過渡性特徵，反映到組織上，便形成中國教育會所獨具的二重結構。

然而，辛亥時期，特別是同盟會成立前，無論是保皇—立憲派還是革命派，在新興勢力中都只占少數，而包括中國教育會溫和派在內的趨新力量，則具有數量的絕對優勢，成為雙方依賴和爭取的社會基礎。他們的追求與政治動向，是制約時代潮流主導方向並推動其發展的重要因素。這些人對於反清革新具有廣泛共識，而並不重視政治派屬在宗旨策略上的分歧。他們對各派的政治主張與行為有所權衡取捨，但不一定加入其陣營。僅僅以革命與保皇—立憲的劃分，尤其是以一兩位領袖人物的言行為尺度，不僅不能完整概括這一時期中國新知識階層多元化的複雜政治分野，而且很容易簡單地從兩極對立的角度妄加評判，忽視甚至抹殺大多數人的觀念與行為的社會價值和意義。

毋庸諱言，中國教育會一度與梁啟超關係密切，特別是一九○三年以前，中國教育會員對梁啟超相當崇敬。曾任會長的黃宗仰作詩贊道：

洗刷乾坤字字新，攜來霹靂剖微塵。九幽故國生魂死，一放光
明賴有人。

筆退須彌一篆攢，海波為墨血磨乾。歐風墨雨隨君手，洗盡文
明眾腦肝。[27]

　　章太炎、馬君武等人也對梁啟超期望殷而推重甚。籌建愛國學社
時，該會還得到梁啟超的捐款讚助。[28]但這主要時因為一八九九至一
九〇三年間梁啟超表現出了空前的激進傾向，他既不排除使用起義、
暗殺等暴力手段，又在一定程度上附和了排滿革命，或多或少離開了
保皇的舊軌，而與中國教育會的立場接近起來。至於蔣智由後來的倒
戈，則屬於個別人的立場轉移。

　　當然，溫和派與保皇－立憲派認識上有相通之處，行動上有時也
會同後者攪到一起去。一九〇五年後國內立憲派活動漸趨活躍，以張
謇為首的江蘇立憲派更是積極。是年十月八日，百餘人在上海愚園開
會，成立江蘇學會。當天張謇並未到會，由中國教育會員屠敬山代為
主席，出席大會的蔣維喬等一批會員推舉張謇為會長，惲莘耘為副會
長，李平書等四人為會董。該會成立後，東京的革命派報刊予以激烈
批評，指責其「依附官場，崇拜資格，幾為藏垢納污之地。」[29]其基
層組織選舉議事時，「多循舊社會資格，故所得者，多庸庸不足道，
而少年奇特之士，輒不為其社會所容，橫被排擠。」[30]但是，學會畢
竟也有「以講學合群之意，立地方自治之基」[31]的打算，一度遭到地

27　烏目山僧：《贈任公》，《新民叢報》，第16號，1902年9月16日。
28　梁啟超：《忠告香港〈中國日報〉及其日本訪事員》，《新民叢報》，第53號，1904年
　　9月24日。
29　《封禁學會之風潮》，《復報》，第2期，1906年6月16日。
30　《太鎮學會之現狀》，《復報》，第3期，1906年7月16日。
31　《封禁學會之風潮》，《復報》，第2期，1906年6月16日。

方官府的封禁。而且有的同盟會員也參加了江蘇學會，不能因為中國
教育會員側身其間，就視為與立憲派同流合污。對國內合法鬥爭採取
排斥態度，削弱了對民眾的政治影響和組織動員能力，正是同盟會方
針策略的重大失誤之一。在國內，政治陣營的對立沒有海外那麼壁壘
分明，相互混雜的狀況反而有利於從內部推動影響立憲派的行為。

二　規模與聯繫

　　研究清末政治小團體的學者往往注意到這些組織的地域色彩，並
歸咎於其成員的主觀意識。然而，中國教育會從一開始就沒有用狹隘
的地域觀念把自己局限起來，而是力爭建設成為全國性組織，這從它
標明為「中國教育會」即已昭然。該會章程規定：「本會置本部於上
海，設支部於各區要之地。」[32]後來又進一步明確為：「本會設中央事
務所於上海，其會員在各地至十人以上則設一地方事務所。」[33]蔡元
培對於教育會溝通內外的功能作用有很好的說明：「上海全國交通之
轂輻也，內之可以輸進文化，外之可以聯絡聲氣，非於此設一教育會
以媒介之，尤不可。」[34]從整個活動看，該會積極貫徹了這一原則，
並在一定程度上付諸實現。

　　中國教育會幾經起伏，人員流動很大，多則百餘，少則十數，[35]
會員籍貫分布於蘇、浙、閩、皖、直、鄂、湘、粵、桂、甘等省，其
中以江浙人士居多，但其他省籍會員如湖北的王慕陶、戢元丞、廣西

32 《中國教育會章程》，《選報》，第21期，1902年7月5日。
33 《中國教育會第三次改訂章程》，《警鐘日報》，1904年6月11日。
34 《蔡民友演說紹興教育會之關係》，《蘇報》，1903年3月12日。
35 《論立會之理由》，《警鐘日報》，1904年3月29日；《文明介紹》，《中國白話報》，第
　　7期，1904年3月17日。

的馬君武、安徽的汪德淵、蒯壽樞、湖南的章士釗、陳范、福建的林森、林獬、直隸的張繼、廣東的徐敬吾、甘肅的陳競全等亦起重要作用，其中不少人還擔任過職員。這種情況反映出上海移民社會的背景。清末這裡成為各地新知識群中精英分子的匯萃之所，他們時而聚會上海，時而分散各地，使得上海與各地知識界保持著密切聯繫。

　　中國教育會的直轄分支主要分布於江浙一帶，同時通過各種管道，與許多重要省份新知識界中的革命分子建立了密切聯繫。一九〇三年春成立於上海的福建學生會，會長林森及骨幹林獬都是中國教育會會員，其活動往往借用中國教育會所或愛國學社校舍。王慕陶、戢元丞等與湖北進步知識界聯為一體，他們創立的國民叢書社，「同鄉公舉以為上海機關，於吾湖北關係甚大。」[36]由湖北革命小團體花園山機關派赴上海設立聯絡處昌明公司的萬聲揚，就與國民叢書社保持直接聯繫。繼起的科學補習所也與中國教育會互通聲氣，其章程即刊登於中國教育會的機關刊物《警鐘日報》上。

　　湖南方面，陳天華、黃興、楊毓麟等人均與中國教育會會員過從甚密。陳天華多次在中國教育會的機關刊物上發表政見。黃興於一九〇三年作為東京軍國民教育會運動員歸國時，曾與中國教育會接洽，以後又赴滬與蔡元培等人密謀，計劃以上海為國內各地及東京同志的集合點，華興會起義時大舉回應於東南。楊毓麟在京津一帶的暗殺活動，及其為配合華興會起義在上海設立的策應機關愛國協會，以及起義失敗後與逃亡到滬的黃興等人重建的組織，都有不少中國教育會會員參加，所以連宋教仁都知道「《警鐘日報》社原屬同宗旨」[37]。沒有中國教育會的協助，華興會很難在上海立足活動。此外，華興會中的

36　《湖北在滬學生代王劉二君公告》，《大陸》，第12期，1903年10月28日。

37　湖南省哲學社會科學研究所古代近代史研究室校注：《宋教仁日記》，長沙，湖南人民出版社，1980年版，第13頁。

張繼、秦毓鎏、翁浩、葉瀾、章士釗等人均曾加入中國教育會或參與過該會的活動。

安徽的陳由己也與中國教育會關係密切，一九〇三年他到蕪湖創辦《安徽俗話報》，印刷即由中國教育會屬下的東大陸圖書局承擔。後來他發起組建了岳王會。光復會的情況更不待言，會員中一部分來自留日學生的暗殺團，一部分則來自中國教育會，如蔡元培、章炳麟、蔣智由、劉師培、蒯壽樞、林獬、柳亞盧等。相比之下，後者的地位更顯重要。中國教育會中激烈派早有暗殺密謀，因與溫和派意見相左，辦事諸多掣肘。在這種情況下，他們自然會產生另組機構專門從事秘密活動的意念。

從中國教育會的角度來看光復會，還可以為光復會研究中的某些疑點提供新的論據。如中國教育會會員認為能夠實行革命的，「大半都是因那強盜進村，失了財產，窮苦無賴，志圖報仇。其餘那些有錢有勢的財主，還在那裡打算盤，三七二十一，顧著眼前安樂。」[38]因此比較注重下層社會，主張虛無共產。他們組織光復會，就是為了動員下層，從事暴力鬥爭，所以適應民眾心理，鼓吹「振漢、思明、覆清」；一些人更進而針砭資本主義的弊病，不切實際地希望超越。但這並不代表他們全部或最終的社會政治理想。如果不顧其他事實，僅僅將這兩方面直接聯繫起來，視為因果，就容易得出光復會只主張反滿復漢，還沒有跨出歷史上驅蠻攘夷、改朝換代窠臼的結論。其實，他們在光復會中的言行，只是反映了思想的若干側面，綜覽其全貌，則清楚地顯示出近代激進民主主義者所具有的基本色彩與特質。反滿與批判西方近代社會的某些弊端，正是其激進民主立場的表現。

另外，關於光復會的定名，有一事值得注意。一九〇三年底，中

---

38 《玫瑰花》，《中國白話報》，第2期，1903年12月14日。

國教育會員林獬以「白話道人」為筆名，在該會的《中國白話報》上發表連載小說《玫瑰花》，描寫癸卯四月間，占據玫瑰村的強盜打算割一半田產給外人，村裡志士鍾國洪邀集朋友方振漢、葛思明、蒯覆清等密謀「暗地設一個光復會，會中立個章程，勸人入會」，準備發動起義。「約計到會者共有一百三十七名，內中除本書上常見的各位有名會員之外，其餘商家裡面占了三十二人，農家裡面占了四十五人，工藝裡面占了二十人，其餘四十人，全是讀書社會裡頭。」[39]這裡至少包含了作者本人對革命團體的某些設想。《玫瑰花》在江浙一帶流傳甚廣，頗有影響，特別受下層社會歡迎。光復會的定名，與此當不無關係。

中國教育會與留日學生的關係十分引人注目。會員中不少人曾留學日本，並經常來往於東京國內間，如戢元丞、馬君武、吳稚暉、張繼、林獬、蒯壽樞等，有的則因故旅居日本，如章炳麟、黃宗仰、陳范、蔣智由等。該會在東京設有通訊員，吳稚暉還擔任過上海出洋遊學生招待會的留東經理。[40]他們的言行，對留日學界具有重要影響，有些人本身就成為留學界的革命骨幹。由於這種歷史淵源，在茫茫東海上架起一座無形的橋梁，溝通了國內外兩個革命基地的聯繫，使革命風潮匯成一體。留日學生歸國，多以中國教育會為落腳點、中轉站或聯絡處。一九〇二年成城學校入學事件後，中國教育會發起「協助東亞遊學會」，「擬專派會員親赴東京，商定將來中國人願入成城學校者，可以逕由會中保送。」[41]拒俄運動中，中國教育會與留日學界關係更形密切，甚至建立了統一組織軍國民教育會。

---

39 《中國白話報》，第2期，1903年12月14日；《中國白話報》，第10期，1904年4月30日。

40 《上海出洋遊學生招待會簡明章程》，《選報》，第19期，1902年6月16日。

41 《紀協助東亞遊學會》，《選報》，第27期，1902年9月2日。

　　中國教育會與孫中山、興中會的關係特別值得重視。在華興會和
光復會成立之前，中國教育會是除興中會以外國內僅有的帶革命性的
組織，雙方的聯繫，既驗證了中國教育會的性質與動向，又反映出孫
中山對國內進步知識界的態度及其相互關係。會員章炳麟早在一八九
九年就與孫中山結識。一九〇〇年八月，他斷髮出國會後，致書《中
國日報》，推崇孫中山為「天人」，認為「廓清華夏，非斯莫屬。」[42]
其他如張繼、黃宗仰、馬君武、戢元丞、王慕陶等人，均與孫中山有
親身交往或通信聯繫。

　　一九〇三至一九〇四年間，孫中山與中國教育會員通信頻繁。為
了支持孫中山掃蕩保皇派的鬥爭，黃宗仰匯寄《革命軍》一千冊到南
洋，大受華僑歡迎。孫中山覆函表示：「務望在滬同志，亦遙作聲
援。如有新書新報，務要設法多寄往美洲及檀香山分售，使人人知所
適從，並當竭力大擊保皇毒焰於各地也。」[43]孫中山還把自己擬定的
新誓詞和宣誓方法詳告上海方面，說：「公等既為同志，自可不拘形
式。但其餘有志者，願協力相助，即請以此形式收為吾黨。」[44]

　　一九〇三年秋，中國教育會內部發生衝突，興中會骨幹陳少白聞
訊後，「以同黨內哄，有礙大局，特親至上海設法和解，並設宴邀集
滬上諸同志聯絡感情。」[45]這種「同志」或「同黨」的關係，顯然已
經不是組織外的一般聯繫了。同盟會成立後，光復會員並未全部入
盟，而其中原屬中國教育會者卻大都加入。

　　一九〇三年以前，孫中山還不大為國內人士所了解，後來這種情

42 《中國旬報》，第19期，1900年8月9日。
43 廣東省社會科學院歷史研究室、中國社會科學院近代史研究所中華民國史研究室、
　　中山大學歷史系孫中山研究室合編：《孫中山全集》，第1卷，第230頁。
44 廣東省社會科學院歷史研究室、中國社會科學院近代史研究所中華民國史研究室、
　　中山大學歷史系孫中山研究室合編：《孫中山全集》，第1卷，第228頁。
45 馮自由：《革命逸史》，初集，第136頁。

形有了重大改變，其間中國教育會起了舉足輕重的作用。首先，宮崎
寅藏所著《三十三年之夢》最早的兩個中譯本《孫逸仙》和《三十三
年落花夢》，先後由會員章士釗、金天翮翻譯，並由中國教育會附屬
的國學社等機構出版發行。

其次，一九〇二至一九〇四年間，中國教育會員在各種刊物和宣
傳品上紛紛表態，交口讚譽孫中山，推崇備至，尊為「革命北辰初
祖」，「東大陸之華盛頓、拿破崙」，「支那革命大豪傑」。[46]這些言論出
自當時在國內極具影響的中國教育會會員之口，對新知識界的震動可
想而知。

再次，孫中山的三民主義思想，最早是通過中國教育會的機關報
或附屬刊物傳達給國內知識界的。重要的幾篇文章是：《警鐘日報》
一九〇四年四月二十六日《覆某友人函》，十二月八日至十日的《論
中國民族主義》，十二月二十日的《孫逸仙書後》，以及十二月二十四
日的《論共和政體》。此外，章炳麟《訄書》修訂本中的《定版籍》
和與中國教育會關係密切的秦力山發表於《國民日日報》的《與孫逸
仙討論公地筆記》內容簡介，以及戢元丞主編的《大陸》雜誌第二年
第九號《孫文之言》，分別介紹了孫中山的民生主義和革命程序論思
想，《警鐘日報》和《大陸》雜誌還刊登了美洲各埠致公堂所發歡迎
孫中山反對保皇黨的傳單公啟。這些言行看似偶然現象，卻反映了國
內新知識界對民主革命先行者的推崇與期待，以及中國教育會與孫中
山思想行動的合拍。

中國教育會的公開名義是發展教育，培養革新改造的新國民，在
這方面，它也隱然成為全國的中心。在其影響下，浙江、江蘇、江
西、四川、湖南、廣東、山東、福建等省紛紛成立教育會或教育研究

---

46 黃中黃（章士釗）：《孫逸仙》，中國史學會編：《中國近代史資料叢刊・辛亥革命》
　　（一），第100頁；中國少年之少年：《中國滅亡小史》，《復報》，第8期，1907年1月
　　30日；《〈三十三年落花夢〉告白》，《江蘇》第7期，1903年10月20日。

會。這些組織大都以「普及國民教育，振起自立精神」[47]、「養成國家思想，振起尚武精神」[48]為宗旨，會員一般有百餘人，有的多達四百。[49]除總會外，還在府縣設立支部。如江西教育會「計十三府一州，惟饒郡無人」，其餘地方「均有代表之資格」。[50]江蘇教育會最初由留日學生發起於東京，後會員十餘人歸國，在無錫、婁縣、寶山、江陰、常熟等地設立支部，會員增加到一百多人。[51]

各地人士鑒於拒俄運動時「上海教育會慕義響應，都之得八九百人」的事實，大聲疾呼：「我同胞而不憂家國則已，憂家國則必立民團；我同胞而不立民團則已，欲立民團，則請從教育會始。」「由一方隅而推之全省，萬室之都，三里之邑，莫不有教育會之組織焉，則全省之團體必固。由全省而推之全國，形勝之地，繁盛之區，莫不有教育會之組織焉，則全國之團體必強。」「聚我全國數萬萬人為一大團體，則全國必有左右全球之能力。」[52]他們認為：「中國教育會者，中國教育會之總部也，有總部必須急設支部」[53]，承認中國教育會的中樞地位，並以行動回應之。因此，有的省份教育會在章程中規定：「本會與外省教育會、并中國教育總會，有互相協助聯絡之義務」[54]；有的省成立教育會時，「特派會員至上海中國教育會事務所商訂聯絡章程」[55]，甚至計劃與之「連合南北，以興教育事業。」[56]一

47 《江蘇教育會試辦總章》，《警鐘日報》，1904年8月5日。

48 《江西教育會起點之遠因及現狀》，《國民日日報彙編》第三集，上海，東大陸譯印所，1904年版，中國國民黨中央委員會黨史史料編纂委員會1968年印行，學風第5頁。

49 《各省教育匯志》，《東方雜誌》，第1卷，第5號，1904年7月8日。

50 《江西之進步》，《國民日報》，1903年10月3日。

51 《江蘇教育會無錫支部章程》，《警鐘日報》，1904年8月6日。

52 書痏：《教育會為民團之基礎》，《萃新報》，第1期，1904年6月27日。

53 《與陳君逸庵論杭州宜興教育會書》，《新世界學報》，第12期，1903年3月13日。

54 《浙江教育會簡章》，《新世界學報》，第15期，1903年4月27日。

55 《教育研究公所》，《警鐘日報》，1904年5月16日。

時間「各處教育會及各學堂皆步塵而興，咸奉海上諸志士為全部之中心。」[57]從而不僅推動了民辦教育的發展，而且促使新知識群加快了動員組織的步伐。

中國教育會從一開始就力圖建成全國性組織的事實表明，新知識階層的政治團體並不曾以狹隘的畛域之見作繭自縛。這不僅是沐浴歐風美雨的結果，也由於傳統天下觀的薰陶和嚴酷社會現實的逼迫，使他們打破地域界限，因為他們共同面對的強大敵人，是統治整個中國的專制王朝。普天之下，莫非王土，使得普天下的叛逆們認識到共同的地位與命運。靠文化凝聚的民族，作為文化載體的知識人始終是國體命脈所繫，這時更將士人的天下己任抱負轉化為國民意識，結成統一整體。誠然，鄉土社會的影響在一些人身上留痕，中國教育會內部也曾因地域之別發生矛盾衝突。但是，他們還不至於把決定國家民族及群體命運的革新大業也裝進地域之見的囚籠。興中會、華興會、光復會的地域色彩，主要也不是來自其成員主觀認識的局限。而是由於客觀條件限制，囊括天下英豪的願望無從實現。新型知識分子很早就呼籲建立全國性團體，他們從不同的方面、區域朝著這一目標努力奮進，直到同盟會的成立。而中國教育會正是這一過程中的重要一環。

三　發展與影響

中國教育會從建立到渙散，歷時六年，幾經起伏，大致可分為五個階段。一九〇二年四月至十一月為開創期。依據章程，中國教育會總事務所設於上海英大馬路泥城橋西福源里二十一號，[58]設正副總理

56　《中國教育會紀事》，《警鐘日報》，1904年6月24日。

57　《上海教育會與愛國學社之衝突》，《浙江潮》，第6期，1903年8月12日。

58　後遷至虹口。見《中國教育會第三次大會》，《警鐘日報》，1904年5月2日。

各一人，幹事六人，會計二人，書記二人，評議員九人，糾儀二人。[59]下設教育、出版、實業三部，其中教育部又分男女二部，以後改為學校教育部與社會教育部。[60]但開始「會員人數稀少，經濟尤為竭蹶，發展殊難。」[61]其間比較重要的事件是六月組織上海女學會和八月十三日在張園集會歡迎因成城入學事件被日本政府驅逐回國的吳稚暉。

張園集會參加者達百餘人，會長蔡元培親赴日本將吳接回。會上「吳君登臺演說，備述顛末，激昂慷慨，淋漓盡致。述及中央政府腐敗，國權喪失與學生反對之故，則令人怒髮衝冠，有為之淚下者。述及公使語之荒謬，又令人轉怒為笑。演畢下臺，眾人鼓掌，掌聲如雷震耳。」後又在張園安愷第開協助亞東遊學會，戢元丞提議派人赴日協商，將保送留日學生學習軍事的權力由公使轉歸中國教育會，葉瀾則主張自辦學堂以教子弟。會後各人分頭辦理，均未實現。「教育會因學生未有要領，暫緩秋間大會。」[62]苦心經營，「至其秋冬之際而組織乃粗備。」[63]這一階段的主要目標是力爭站穩腳跟，再謀打開局面，但也不放過表明政見的機會。六月間上海進步人士集會悼念原中國議會書記邱震、吳孟班夫婦，蔡元培、章太炎、王慕陶、葉瀚、汪德淵、蔣智由、蒯壽樞、王季同等敬獻輓聯，向這對「戊戌黨錮以後大呼政治革命，支那奴隸之國創聞男女平權」[64]的革新伉儷表示懷念。

---

59 後改為會長一人，評議員十一人，檢查二人，監察二人，會計二人，書記二人，內外庶務各一人，另由評議員公推副會長一人。一九〇四年又設幹事長之職。《中國教育會第三次大會》，《警鐘日報》，1904年5月2日。

60 《中國教育會章程》，《選報》，第21期；《中國教育會第一次修訂章程草稿》，《蘇報》，1903年5月15日。

61 《中國教育會之回憶》，上海通社編：《上海研究資料續集》，第84頁。

62 《鵠居日記》，壬寅七月初十日，九月十二日。

63 《教育會之公函》，《新民叢報》，第27號，1903年3月12日。

64 《大公報》，1902年7月4日。邱震，字公恪，又字宗華，江蘇元和人（《日本留學生調查錄》，《選報》第10期，1902年3月20日）。1900年中國議會成立時任書記。「平

　　一九〇二年十一月至一九〇三年七月為全盛期。上海南洋公學風潮驟起，中國教育會應退學生公請，於張園召開特別會，專議協助退學生建立共和學校之方法，由各會員認助開辦費若干及月費六成，並義務擔任教員，組成愛國學社。「師日本吉田氏松下講社、西鄉氏鹿兒私學之意，重精神教育。」[65]從此中國教育會的活動影響一日千里，蒸蒸日上，改組《蘇報》為機關刊物，熱情鼓動學潮；發起拒法抗俄運動，組織軍國民教育會；吸收全體愛國學社學生入會，力量陡增；創辦印刷社，編譯出版各種東西方社會自然科學著作以及反清革命書籍；連續在張園等處大開演說會，鼓吹革命。一時間成為全國矚目的政治熱點。

　　四月二十六日春季大會盛況空前，到會者有會員六十餘人，旁聽者百餘人及愛國、務本、自立三女校學生，愛國學社學生則「戎服勁裝，列隊齊行。」為便於籌款，以應付日益增多的各項事業開銷，改選黃宗仰為會長，[66]蔡元培、吳稚暉、王小徐、貝季美、穆抒齋、蔣維喬、陳范、吳仲旗、吳丹初、汪穗瀾、蔣智由、裘劍岑、敖夢姜、虞和欽、余桐伯等十一人任評議員，吳稚暉、蔣維喬、王小徐、敖夢

日憤中國之不振，病在無學，發奮研究東西學術。」1901年冬留學日本，入成城學校，講求兵法。不久，因病退學，歸養滬上，梁啟超親送登輪，未及一月而卒，年僅二十四歲。梁啟超稱其「固夙以為國流血自祝，吾亦冀其為鐵血派中一偉人也。」（《飲冰室詩話》，第17-18頁）其妻吳孟班，「女中傑也，有大志，嫻文學，通西語。」肄業於上海中西女塾。曾倡設女學會，「慨然以提倡女子教育為己任。」（《追悼志士》，《大公報》，1902年7月2日）辛丑臘月，染時疫而卒，年僅十八歲。報載：「聞孟班嘗有身，自墜之。公恪大駭。孟班曰：『養此子須二十年後乃成一人才，若我則五年後可以成一人才，君何厚於二十年外之人才，而薄於五年內之人才。且君與我皆非能盡父母之責任者，不如已也。』」（《道聽塗說》，《新民叢報》，第3號，1902年3月10日）

65　《愛國學社之建設》，《選報》，第35期，1902年11月20日。

66　因黃宗仰與猶太富商哈同夫人羅迦陵交善，後者篤信佛教，曾為教育會籌措開辦費。馮自由：《革命逸史》，第3集，第167頁。

姜等四人兼任監察員。記者不禁讚道：

> 夫中國自戊戌而後，所立之會，指不勝屈，倏起倏滅，忽合忽
> 離，從未有秩然不紊，歷時長久者。惟教育會之壽命獨長，所
> 辦諸事尤有條理。而自此次大會後，閱歷有得益加善完，可無
> 待言。吾為教育會前途賀，吾尤為中國前途賀也。[67]

　　然而，興旺中潛伏著危機。一方面，清政府對中國教育會的活動
感到嚴重不安，陰謀壓制破壞；另一方面，意氣之爭導致中國教育會
內部矛盾激化，烏雲籠罩，接踵而來的愛國學社獨立和《蘇報》案風
潮，使中國教育會蒙受巨大損失，聲勢頓落。

　　一九○三年七月至一九○四年四月為恢復期。《蘇報》案後，「愛
國學生星散，教育會幾於消滅」，愛國女校成為碩果僅存的事業。苦
苦支撐，「教育會之命脈不絕如線」。[68]幾次開會，到者不過十人。在
惡劣的環境下，殘存的會員憑著堅毅精神與勇氣，設法逐漸恢復並加
強了革命活動，使「教育會雖不能如上半年之公開鼓吹革命，然內地
之運動革命者，皆以教育會及愛國女學校為秘密接洽之機關。」[69]張
繼等人又與從中國教育會分離出去的章士釗、何梅士等發刊《國民日
日報》，繼續鼓動反清革命，時稱「《蘇報》第二」。

　　年底，蔡元培等發起拒俄同志會，創刊《俄事警聞》，「當時簽名
與會者雖及二百人，其發原力則仍然本會一部會員也。甲辰正月，復
經同志會會員之決議，改《警聞》為《警鐘》；又以時局日非，對俄
二字不足為吾人唯一之責任，特於正月二十七日開會提議，又經同志

---

67 《記中國教育會徐園大會事》，《蘇報》，1903年4月28日。

68 《鷦居日記》，癸卯六月十八日，甲辰二月十八日。

69 《中國教育會之回憶》，上海通社編：《上海研究資料續集》，第95頁。

會會員之贊成，改名爭存會。」[70]同時積極籌備暗殺活動。蔣維喬站在溫和派立場上，稱這一階段為中衰期，未免有些片面。中國教育會的公開活動雖然缺少生氣，但革命活動卻不斷發展，並推動整個中國教育會事業逐步走向中興。

一九〇四年五月至一九〇六年秋為中興期。一九〇四年五月一日，中國教育會召開春季大會，重舉蔡元培為會長。劉光漢、蔣維喬等人分別提出動議，因爭存會與中國教育會宗旨相近，其「要素會員，亦以教育會會員占其多數」，「何必為此名異實同之事業，使本會又因力分而見弱從，其以脞本部之事務哉？」要求將爭存會歸併於中國教育會，「凡簽名爭存會而未簽名教育會者，皆得為教育會會員」，不願者自請出會，「擴張教育會之範圍，即以實達爭存之目的」。或者「解散爭存會，速從事本會事業。」[71]議案雖未通過，但新入會者十餘人，並先期在四月二十八日的評議會上將儀器館、鏡今書局、《中國白話報》等正式收歸實業部，認《警鐘日報》為機關報。五月二日，再開評議會，「議定委任書記、會計及各地分會聯絡事。」蔣維喬見會務重現生機，不禁欣然道：「可為教育會之中興，較之去年大不同。」[72]

由於溫和派正式要求取消秘密宗旨，激烈派另謀組織團體，進行秘密活動。六月九日，何海樵由東京抵滬，聯絡蔡元培、鍾憲鬯等人參加暗殺團，以愛國女校為掩護，進行訓練籌備。鍾憲鬯精於化學，利用科學儀器館名義購買器械藥品。[73]後來激進會員又組織光復會，並陸續加入同盟會。中國教育會還公開為鄒容殮葬，開會追悼，立碑

---

70 《爭存會變更議案》，《警鐘日報》，1904年4月7日。

71 《爭存會變更議案》，《警鐘日報》，1904年4月7日。

72 《鶴居日記》，甲辰三月十六日、十七日。

73 《蔡孑民先生傳略》，徐蔚南編：《蔡柳二先生壽辰紀念集》，上海，中華書局，1936年版，第8頁。

紀念，迎送章太炎出獄赴日，表示對殖民當局和清政府的抗議，伸張了正義。可惜中國教育會的各項事業又相繼遭到破壞。一九〇五年三月，《警鐘日報》因抨擊德國密謀經營山東，被官廳封禁；萬福華事件使暗殺活動受阻，愛國女校則因內訌陷於停頓。中興氣氛裡已漸呈衰敗之象。

一九〇六年秋至一九〇八年冬為結束期。一九〇六年秋，蔡元培離滬北上，愛國女校「漸漸脫離革命黨秘密機關之關係，而入於純粹的教育事業。」終因經濟虧欠，為新沙遜洋行查封抵賣。[74]這時會中激烈派已將重心移到光復會和同盟會的革命活動上，有的深入下層，有的避地東京，「教育會已無形解散，在滬會員不過數人，不復能開會。」[75]隨著同盟會事業的漸次展開，中國教育會完成了承先啟後的歷史使命。而會中的溫和派看不到革命形勢的發展變化，繼續堅持以合法活動為唯一形式，在這方面的影響又被立憲派的聲勢所壓倒，這樣，中國教育會自然失去了存在的意義。

中國教育會雖歷時僅六年，卻產生了廣泛而深遠的影響，辛亥時期的許多重大政治事件，如拒俄運動、學界風潮、軍國民教育會、《蘇報》案、與保皇派論戰、華興會起義、萬福華事件、光復會、吳樾刺殺五大臣等等，幾乎都與中國教育會會員有直接關係。正因為這樣，儘管它以合法名義存身租界，仍一再遭到清政府和殖民當局的壓制破壞。

中國教育會的革命宣傳，打破了梁啟超壟斷趨新輿論和國內新知識界精神世界的局面，青年學子不必再從梁啟超那裡曲折地汲取革命動力，而是直接在民主共和、排滿革命言論的鼓動下踏上反清道路，

---

74 《中國教育會之回憶》，上海通社編：《上海研究資料續集》，第98頁。愛國女校被抵賣後，仍繼續開辦。

75 《中國教育會之回憶》，上海通社編：《上海研究資料續集》，第98頁。

從而把政潮主流引到孫中山的旗幟之下。一九〇二年以前，興中會是中國唯一的革命團體，雖然它在香港創辦了《中國報》（包括日報和旬報），但在國內的發行範圍與數量有限。直到一九〇四年，《中國日報》的國內發行點除廣東外，僅在廈門、福州、上海、南昌、天津、北京、膠州、漢口等地設立少數代銷處。[76]據杭州、南京、武昌、鎮江、揚州、常熟、泰州、衢州、海鹽、埭溪等城鎮的不完全統計，所訂報刊近六十種，萬餘份，卻沒有一份《中國報》。[77]而中國教育會所屬各報刊的代派點少則三十餘處，多達八十餘處，不僅遍布南北各大都市，而且深入中小城鎮。

在輿論宣傳方面，儘管《中國報》不時也有精彩言論，興中會的確顯得人才不足，尤其是缺乏學貫中西的理論頭腦和動人心魄的生花妙筆。相比之下，梁啟超的影響就大占上風。他不僅曾以辦《時務報》、《湘報》給知識界留下震聾發聵的快言利論，而且以《清議報》酣暢淋漓的抨擊和《新民叢報》精闢獨到的政論時評激起新知識群、特別是國內熱血青年的風靡崇拜。他們身處逆境，又正當發蒙，無緣也無力與大千世界交流溝通，只得開懷暢飲由梁啟超加工的西方近代思想的清泉，以滿足了解外部世界的渴求，而不能像遊歷士紳或留日學生那樣，親歷其境，接觸原本，從而察覺梁啟超的膚淺駁雜。誠然，這些從睡夢中被梁啟超一掌拍醒的青年往往一躍登上革命戰車，但這種曲折轉換畢竟帶有副作用，朦朧中吞下的保皇雜質和種種錯解誤釋，或遲或早會惡性發作。當時處在困境中的興中會既無力改變這種局面，也沒有充分認識到促成這一轉變的重要與必要。而中國教育會的成立及其活動，則有助於加速實現這一轉折。

76　《中國日報》，1904年3月5日。

77　參見《揚州報界之調查》，《國民日報》，1903年9月3日；《常熟報紙銷數》，《浙江潮》，第7期，1903年9月21日；《杭城報紙銷數之調查》，《東浙雜誌》，第4期，甲辰年十二月；其餘見1904年10月至1905年1月《警鐘日報》。

由中國教育會員編輯的《選報》，從一九○二年起，不僅在國內
發表獨家革命言論，而且連續轉載《中國報》的社論時評。先後由中
國教育會員主辦或參與編輯的《童子世界》、《少年中國報》、《大
陸》、《中國白話報》、《俄事警聞》、《二十世紀大舞臺》、《女子世界》
等刊物，特別是一脈相承的《蘇報》、《國民日日報》和《警鐘日
報》，旗幟鮮明地進行反清革命宣傳，言詞激烈，見解深邃，分析精
闢，儼然成為國內革命輿論的中心，不僅取得與《新民叢報》並駕齊
驅的地位，而且往往占有優勢。許多有志之士在「黨派紛紜不強同，
或譚暴烈或從容」的風雲變幻中，「洗耳偏來聽《警鐘》」。[78]附屬於中
國教育會的幾個印書社、圖書局，成為國內出版發行革命書刊的重要
基地。如鏡今書局的「膽子比別個書局大些，那般做邪說的新黨，往
往做了邪說，沒處寄賣，都想在鏡今書局寄售。」[79]

會員們還在上海等地舉行演說會，鼓吹愛國革命。特別是一九○
三年二月至四月在張園安塏第的幾次演說會，影響尤為廣泛。如三月
十五日第二次演說會，因天雨途淖，「到會初不過三百多人，後竟不
下七百餘人。」吳稚暉首先登臺，表明：「此演說會正為四萬萬之同
胞大呼救命，四萬萬同胞其各救其命，亦互救其命可乎？」「教育會
會員不過作一發起人而已，中國人多有一分，人人可聽，人人可
演。」接著蔣維喬、穆湘瑤、徐寶姒、蔣增煒、敖夢姜、馬敘倫、沈
步洲、林森、金松岑、徐鏡湘、董竹香、華銘初、馬君武、王蘊章、
祝爾康、周開基、朱文馹、秦景陽、許原尹、蔡元培、陳春生、何海
樵等相繼演說，鼓吹軍國民主義和國民自立，指陳歐洲革命三大原
因：「一爭多數人之幸福，二納稅如保險費，三民族主義。」當有來
賓表示：「於激烈改革尤具其難其慎之意」時，吳稚暉起身反駁，「激

78 天梅：《訪警鐘社》，《警鐘日報》，1904年7月7日。

79 《文明介紹》，《中國白話報》，第6期，1904年3月1日。

昂奮迅，四座感動。」[80]演講到「中國歷來受外族淫殺之慘禍」，以及
「地球上將來必無一弱劣之種可廁足其間，諸君其謂中國人為佳種
乎？為劣種乎？」聽眾「心不知其何痛，鼻不知其何酸，眼不知其何
熱，而此兩行亡國之淚，竟欲不滴其不能。斜睨旁座，亦復如是，遍
視全堂，均表同情。」人們聽罷演說，「心亂如麻，內熱如沸，恐懼
憂喜，百念交集。」[81]有人評論道：「吳稚暉的演說，是有名的，連泥
水小工都聽得來。」「今年三四月間，吳稚暉在張園開許多的會，我
也聽過幾次，才曉得革命就是這麼一件事體。」[82]

　　除正面宣傳外，中國教育會會員還率先公開批判保皇派，開闢了
革命派與保皇派論戰的國內戰線。章太炎的《駁康有為論革命書》先
擂戰鼓，鄒容的《革命軍》又吹號角，會員們紛紛披掛上陣，吶喊
助威：

> 餘杭章，南海康，章公如麟康如狼。狼欲遮道為虜伥，麟起瞰
> 之暴其腸。[83]
> 教忠我被尼山誤，保教人隨南海狂。幾見房州衣帶詔，暗中傳
> 付駱賓王。
> 娶妻當取韋露碧，生兒當生瑪志尼。得聽雄雞三唱曉，我儂身
> 在法蘭西。[84]

80　《記中國教育會第二次演說會》，《蘇報》，1903年3月16日。

81　敦夢薑：《演說會不可當一大酒肆》，《蘇報》，1903年3月19日。

82　倬人：《敬賀癸卯科鄉試諸君》，《國民日日報》，1903年10月11日。吳稚暉自稱其加
　　入教育會時還不是革命黨，「直到彼時明年正月起在張園演說，演高興了，才開始
　　稱說革命。」（《回憶蔣竹莊先生之回憶》，《東方雜誌》，第33卷，第1號，1936年1
　　月1日）

83　中央：《〈駁康書〉書後》，《江蘇》，第5期，1903年8月23日。

84　松岑：《陳君去病歸自日本同人歡迎於任氏退思園醉歸不寢感事因作》，《江蘇》，第
　　5期，1903年8月23日。

當頭一棒喝，如發霹靂聲，保皇正龍頭，頓使吃一驚，從此大
漢土，日月重光明。[85]

思想界中初革命，欲憑文字播風潮。共和民政標新諦，專制君
威掃舊驕。誤國千年仇呂政，傳薪一腦拜盧騷。[86]

　　一篇篇詩章，就是刺向保皇派的一柄柄利刃。中國教育會的革命
宣傳，由新知識界中心帶的成名人物執筆政，憑藉上海對全國的政治
經濟文化輻射力，產生了廣泛的影響，對於推動以康梁為代表的維新
思潮向以孫中山為旗幟的革命思潮過渡轉換起了致關重要的作用。當
時正在香港與保皇派的《商報》進行激戰的《中國日報》，曾多次轉
載中國教育會報刊的政論，以加強攻擊火力。沒有中國教育會的努
力，輿論界的力量對比很難在短短幾年間發生捩轉，形成共和革命高
歌猛進的大好局面。

　　中國教育會利用各種手段和機會，廣泛傳播自由民主平權意識和
科學新知，為思想啟蒙做出了重要貢獻。辛亥革命的目標是根本推翻
皇權專制制度，因而不僅需要以輿論準備呼喚狂飆，更需要清掃與舊
制度相適應的觀念意識。維新派在戊戌前後進行的民權宣傳，起過重
要的啟蒙作用，但存在著窄和淺的局限。而且他們的尊皇保皇主張實
際上將專制權威置於不可動搖的地位，從而最終否定了民權。真龍天
子不倒，百姓就不能從禮教束縛中解放出來，由臣民蛻變為國民，思
想啟蒙就難以真正奏效。革命派與保皇派的論戰，以確定革命的方
式、道路和目的為重點，集中於政治革命方面，是輿論準備的核心。
而正面宣傳民權民主思想與各種近代觀念意識，批判專制蒙昧主義，
則是更具重要性的基礎建設，更能體現社會革命的內涵。不首先解脫

---

85 劍公：《題太炎先生駁康氏政見》，《警鐘日報》，1904年8月10日。
86 亞盧：《歲暮述懷》，《江蘇》，第8期，1903年11月19日。

專制枷鎖的禁錮，就談不上將共和觀念引入人心。

　　中國教育會奉行廣義教育，正如蔡元培所說：「夫教育者，非徒一二學堂之謂，若演說，若書報，若統計，若改革風俗，若創立議會，皆教育之所範圍也。」[87]為此，該會專設社會教育部，「主提倡政論，改良風俗，凡書報演說等事隸之。」[88]通過興學辦報，出書演說，廣泛傳播近代社會與自然科學知識，批判專制皇權和鬼神迷信。會員們注意到，「報章能激發識字之人，演說則能激發不識字之人」，為擴大影響，「擬推廣演說。」[89]其演說內容包括評說時政大事，鼓吹自立自強，推動發展商務，革除陋習劣俗，改良家族宗教等。

　　在科學宣傳方面。該會附設科學儀器館，舉辦《科學世界》雜誌，以「開通風氣，使吾國民皆有科學之智識」[90]為宗旨。發刊之日，中國教育會員鍾憲鬯、虞含章、林森等紛紛發表祝辭，指明科學與發展實業、救亡振興的內在聯繫，批評新學之士「聞盧騷、達爾文之學而遺其自然科學，是失實也。」放言空論非旦不能圖種姓之進步，反而會滋生流弊。世界競爭，形式「要莫不待助於理科。是故理科者，實無形之軍隊，安全之炸彈也。」[91]期待有朝一日「偉大國民產出於我理科之窟宅。」[92]

　　中國教育會的政治宣傳把輿論準備推進到以民主共和為核心的新高度，開創了繼維新派民權宣傳後中國民主思想傳播的新階段。此外，當時流行的無政府主義、國粹主義、社會主義、軍國民主義的思潮，大都可以從中國教育會找到源頭脈絡。要認識和評價這些思潮的

87　《蔡民友演說紹興教育會之關係》，《蘇報》1903年3月12日。

88　《中國教育會第一次修訂章程草稿》，《蘇報》，1903年5月15日。

89　《鶴居日記》，壬寅八月初九日。

90　《科學世界》，第1編，第1號，1903年3月29日。

91　王本祥：《論理科與群治之關係》，《科學世界》，第1編，第7號，1903年9月21日。

92　鍾觀光：《祝詞》；林森：《發刊詞》，均見《科學世界》，第1編，第1號。

內容作用，不能不對中國教育會的歷史、會員的思想及其宣傳進行深入研究。

中國教育會積極參加國內的合法鬥爭，有力地衝擊和暴露了清朝的專制統治，激起普遍的反清情緒。這突出表現在鼓動支持學界風潮以及發動領導拒俄運動上。南洋公學風潮發生後，中國教育會立即致函祝賀，公開表態支持學生的行動，抨擊專制政府對學生施以酷虐，誘以利祿，「自殺其群」，「究其所極，不導吾四萬萬人相率入於黑暗地獄不止也。」並指出學生「原為成就其學術以達其志願，為異日救國之材，非甘學為奴隸之學，為異日干祿之用也明矣，故以一人受辱，而全班告退，此即諸君犧牲個人之私利而為愛群之公德也。」肯定學生反抗的正義性，稱讚他們「今一人受奴辱，諸君為學生輒能抵抗腐敗之總辦；國民受奴辱，諸君為國民必能抵抗頑固之政府；舉國受奴辱，諸君辦外交必能抵抗彼強大之列國。」建議退學生「亟圖所以自主自強之道，樂群奮興，通力合作，速創學堂，苦身焦思，勵志力學，以抵於成。」[93]

在張園特別會上，中國教育會員又再次充分肯定學生的舉動，「為不肯受齷齪教習、糊塗總辦之壓制，拋棄其安居修業之利益而漂流奔走，不少悔折，是真有獨立自尊之風。推其原因，為一二人受壓制而全學爭之，犧牲個人之利益於同學，是真捨己為群之風，所以諸君真有共和國民之資格者，與本會會員理想相合無間。」[94]這些言論旗幟鮮明地站在學生一邊，對退學風潮率先定下肯定的基調，使褒貶不一的輿論逐漸變向，極大地鼓舞了青年們的鬥志。在中國教育會大力協助下建立起來的愛國學社，成為世人敬重的「國民表率」[95]，吸

---

93 教育會會員某：《致南洋公學退學諸生書》，《文言報》，第15號，1902年12月14日。

94 《愛國學社之建設》，《選報》，第35號，1902年11月20日。

95 《渡美紀行詩》，《湖北學生界》，第4期，1903年4月27日。

引了各地許多退學生。所以南洋公學退學生稱「中國教育會為我國學界之中心點。」[96]

一九〇三年二月，《蘇報》特闢「學界風潮」專欄，報導各地學界鬥爭，抨擊學堂的專制腐敗，鼓動學生退學罷課，受到廣大青年的熱烈歡迎。他們視之為自己的輿論陣地，紛紛投函揭露所在學堂的黑暗內幕，以求伸張正義。在其影響下，一時間學潮風起雲湧。頑固勢力對此又驚又恨，咒罵該專欄「莠言亂政，在可殺之例！」[97]《蘇報》案後，雖然輿論界對學界風潮的鼓動漸趨消沉，但《國民日日報》和《警鐘日報》仍闢有專欄，大量刊發有關學潮的報導、通信和評論，繼續支持聲援學生的鬥爭。

拒俄運動中，中國教育會自始至終起著積極引導作用。早在一九〇一年運動開始時，後來成為中國教育會骨幹的進步人士就是熱情的鼓動者和參加者。一九〇三年鬥爭高潮來臨之際，中國教育會員鬥志更盛，多次集會演說，發動學生、紳商和各界民眾，組織國民公會和軍國民教育會。蔡元培等人亦去掉髮辮，「與學生早晚同習兵操。」[98]章太炎甚至主張：「全學社宜毀棄一切書籍，而一以體操為務。」[99]他們與留學界相呼應，把運動急劇推向高潮。以後，蔡元培等發刊《俄事警聞》，創辦對俄同志會，繼續引導運動走向深入。一九〇四年一月，蔡元培、蒯壽樞、蔣維喬等人還散布傳單，策動上海錢業抵制俄資道勝銀票。這些鬥爭破壞了專制統治秩序，推動革命風潮廣泛興起，有力地配合了革命派的反清活動。

中國教育會員對於當時流行於國內的地方自治、軍國民教育以及

96　《愛國學社之建設》，《選報》，第35期，1902年11月20日。

97　《記浙江大學堂戴氏情形》，《蘇報》，1903年4月21日。

98　《安徽愛國會演說》，《蘇報》，1903年5月28日。

99　《與吳君遂書》，湯志鈞編：《章太炎政論選集》，上冊，第225頁。

科學、實業救國等思潮與活動，不是簡單否定或隨意附和，而是在積極支持、熱情贊助的同時，加以革命性解釋和引導，使社會改造與反清革命相輔相成。會員們認為，教育有廣義狹義之分，「而廣義教育之中，有軍國民之教育，有實業之教育，有普通國民之教育。」[100]一九○三年三月，蔡元培、吳稚暉、陳范、蔣維喬等組成四合會，專辦體育部，並與何海樵等開辦體育會。[101]是年三月十五日第二次張園演說會的主題就是「設體育部以練國民軀幹」，「以體育為演說之主義。」會後正式成立體育部，簽名者達百餘人。[102]由何海樵任會長，日集同志數十人練習體操，準備逐漸推廣，以造就軍國民。後來軍國民教育會成立時，也在同一操場訓練。一九○四年六月中國教育會第三次修訂章程時，又增設軍事教育部，「凡體育、武備學校等隸之。」中國教育會同里支部則組織軍事講習會。[103]該會還設立實業部，準備在「中國區要之地，量地方之情狀，以興起財源，開設工廠公司，出版印刷所之類。」[104]因資金所限，未能如願，後改稱實業教育部。

中國教育會在上述活動中並沒有模糊自己的政治觀念。拒俄運動中，會員們不僅與上海的保皇派分子進行堅決的鬥爭，還抵制了東京軍國民教育會的上層路線，對留日學界派遣運動員歸國運動清政府提出嚴厲批評。眾所周知，拒俄運動加速了中國知識界的革命化進程，但僅僅看到清政府壓制的反激力顯然是不全面的。拒俄運動所以能將一批激進青年推上革命道路，除了這些青年本身已具備一些革命因素外，重要原因之一，是一些具有革命傾向的團體與個人從內部施加影

---

100 《爭存會變更議案》，《警鐘日報》，1904年4月7日。

101 《鷦居日記》，癸卯二月廿九日，四月三十日。

102 《記中國教育會第二次演說會》，《蘇報》，1903年3月16日。

103 《警鐘日報》，1904年6月11日。

104 《中國教育會第一次修訂章程草稿》，《蘇報》，1903年5月15日。

響和引導。他們挫敗了保皇派分子阻止運動進一步深入的企圖，促使運動衝破「合法」的樊籬。而中國教育會正是其中的典型代表。它們的成功經驗，革命黨本應善加總結汲取。遺憾的是，由於政見偏激，決策失誤，未能引起足夠的重視，以致後來國內合法鬥爭的領導權為立憲派所獨占，革命派只能施加客觀影響。儘管隨著形勢的發展，內在激進力量仍推動合法鬥爭朝著革命的方向行進，最終匯入反清大潮，但與革命派的關係畢竟疏遠了一層。結果，起義爆發，反而把立憲派抬上浪峰，令許多革命志士抱恨終天。

　　中國教育會促進了新知識群的組織發展。在迭經風潮之後，「中國教育會的會員愈加老練，把大團體散了，化成無數小團體，各人分頭辦事。」[105]在江浙一帶的常熟、常州、紹興、吳江、海鹽、武陽、無錫等地，先後建立了教育會、演說會、學生會、體育會、音樂會等地方分支機構，並由會員分頭組建了一批周邊團體，如東亞談話會、爭存會等，總計有幾十個之多。它們一面借組織聯繫之便，從上海總會獲得各種新知信息，一面向封閉的基層社會傳輸推進新事業，特別是將基層社會散布各處的開明人士聚合組織起來，形成一股趨新勢力，教育和影響後生學子及一般民眾，成為都市變化傳導於鄉村的社會載體，促成城鄉社會變遷的呼應共震。這對國內知識界影響極大。進步人士紛紛衝破黨禁，建立組織，一時間各地團體蜂起。從前鄉村社會的童生士子「朝為美少年，夕暮成醜老。及今日而敫群講學，其庶幾廓清學究之餘毒，以為二十世紀之新人物。」[106]地方新舊勢力的衝突因此而日趨頻繁激烈，民主與專制的鬥爭從都市蔓延到中小城鎮及鄉村。由個人獨行到組織活動，大大增強了趨新勢力的群體意識和

105　《文明介紹》，《中國白話報》，第7期，1904年3月17日。
106　《吳江縣同里鎮教育研究支部附設之青年會敍》，《蘇報》，1903年3月21日。

社會能量，使數量少的先天不足得到一定程度的彌補，有助於提高求新行為的持續力，擴大社會影響。

中國教育會培養和聚集了一批革命骨幹，直接為華興會、光復會和同盟會輸送了力量。一部分會員暗中進行的暗殺和起義準備，不僅對後來革命派的暗殺活動影響極大，也為東南一帶的武裝起義創造了條件。一九〇四年底，東京的暗殺團、兩湖華興會的後援愛國協會、上海的爭存會和吳春陽所辦青年學社，都把機構設在中國教育會本部所在地新閘餘慶里，而且幾方面活動都有中國教育會會員參加，無形中成為革命黨人密謀大舉起義的聯絡協調機關。這就促使長江中下游成為武裝革命活動的新中心區，為把革命推向全國起了積極作用。

中國教育會在開創與推動近代女權運動方面占據顯著地位。該會成立之初，就把男女平權作為重要目標，其章程特意標明：「教育中國男女青年」。會員們的有關宣傳，不僅鼓動女權勃興，而且構成其中激進的一翼。陳范之女陳擷芬倡辦《女學報》，「欲一藥數千載之痼疾，振廿世紀之文明」[107]，「暢溢海外，洵屬培女德以強種族之盛事也。」有人賦詩讚道：「此是天孫錦，機絲織報章。國聞傳萬里，民史具三長。閨閣同聲集，文明競勝場。支那奇女子，靈氣萃瀟湘。」[108]金松岑還撰寫了《女界鐘》一書，鼓吹女權。

最為激進的是由會員丁芝孫、丁初我、金松岑等人主辦的《女子世界》雜誌，倡興「女界革命軍」，大聲疾呼：「革命！革命！家庭先革命！」[109]鼓動婦女「脫男子的羈絆，復女界的權利。」[110]他們公開宣稱：「欲再造吾中國，必自改造新世界始，改造新世界，必自改造

---

107 《上海女學會演說》，《選報》第20期，1902年6月25日。

108 《女中豪傑》，《湖南通俗演說報》，第2期，1903年5月。

109 初我：《女子家庭革命說》，《女子世界》，第4期，1904年5月15日。

110 天醉生：《敬告一般女子》，《女子世界》，第1期，1903年12月30日。

女子新世界始。」[111]並進而把女權與政治革命相聯繫，指出：「政治之革命由君主法律直接之壓制而起，女子家庭之革命由君主法律間接之壓制而起，其原因同。」[112]這就觸動了宗法思想與專制制度的根本，揭示了女權衰微的本質，將婦女爭取自身權利的鬥爭引向反對君主專制。

　　與宣傳上的主角地位相適應，中國教育會還以行動切實推進女權運動。一九○二年六月，該會熱情支持會員親屬黃世振、林宗素、陳擷芬、吳亞男等發起成立上海女學會。該學會一九○一年曾由吳孟班創議，「草議章程，應者蓋寡，久而未遂。」[113]首批會員共二十人，為沈和卿、章浣香、蔣畹芳、王慕青、丁明玉、薛錦琴、經玉娟、金蘭貞、盛晴英、鍾佩萸、林有蓁、趙願孫、顧素芬、吳亞男、吳弱男、陳君素、林宗素、陳擷芬、陳小莊、黃世振。開會之日，蔡元培、林獬、蔣智由、陳范、吳保初等人到會演講，稱：「古時中國以女子專屬之於家，而以為於國無與也者，此誤解也。」「欲造此完全之中國，非獨當責之凡為男子之人，尤當責之女子。」「有女學而後有完全之人，而後有完全之家，而後有完全之國。故救起中國，其權之握於女子者大也。」他們指出：「中國扶陽抑陰錮習，積非成是，深入腦筋，無異美人受英轄時羈軛牢不可破，一旦欲恢復三代坤教規模，建樹男女平等特幟，非巾幗中人有華盛頓之壯志不可肇端伊始。」[114]將女學會成立比作華盛頓之於美國獨立戰爭。此外，林獬在福建創建了閩中女學會，中國教育會同里支部也興辦了女子俱樂部。

　　中國教育會組建愛國女校，實際上還早於愛國學社，一九○二年

111 初我：《〈女子世界〉頌詞》，《女子世界》，第1期，1903年12月30日。

112 初我：《女子家庭革命說》，《女子世界》，第4期，1904年5月15日。

113 《上海女學會演說》，《選報》第20期，1902年6月25日。

114 《上海女學會演說》，《選報》第20期，1902年6月25日。

九月二日《選報》第二十七期已經刊出《愛國女學校開辦簡章》，確定「本校以教育女子，增進其普通知識，激發其權利義務之觀念為宗旨。」教習皆義務任課。普通科「專教漢文通順女子，授以歷史、地理、數學、體操、倫理、衛生、化學、意文、英文、日文諸科目。」星期六開設特別科，教授高等學科，如國家學、人物傳記、哲理、高等歷史及地理、時事評論等。每月開演說會一次，「請名譽贊成員及中外碩學家到校演說。」會長蔡元培親自兼任校長，並以此為秘密活動基地。當時人稱讚女校道：「果能漸推漸廣，革除舊習，努力維新，納此二萬萬女子於文明之中，而使能操其平等自由之權利，各竭才智以濟國家之用，則同心禦侮而列強無敢欺凌，激勵全國之精神，庶一雪四萬萬同胞之恥辱，而挽此千鈞一髮之危局矣。」[115]

　　一九〇三年底，蔡元培等人還協助上海宗孟女學堂的鄭素伊等組織對俄同志女會。不久，該會改名慈航社，訂立活動辦法九條，「其中第二條為訪求俠客，實行暗殺。並聲明曰：『如有應募一試者，不論成敗，素伊願傾家百萬以酬之。』」[116]次年四月，慈航社發布《擬刊〈成仁錄〉徵文啟》，欲將「二百六十年來志士仁人殺身成仁者」，「集具事蹟，編輯一書，名之曰《成仁錄》，以表彰潛德，以闡發幽光，以默慰毅魄貞魂於天上。」所列名單內有唐才常、黎科、林圭、鄭保丞、傅慈祥、史堅如、賀金聲、沈藎等數十人。並且發布廣告：「凡志士遭賣國誤國諸賊陷害有性命出入者，可速向本社述明，本社必為之設法保護，或送往外洋，或寄匿密友處，務使其脫離苦海，競登彼岸而後已。」[117]這顯然與中國教育會激烈派的宗旨一脈相承。

---

115 《湘鄉張淑芬女士自金陵致其妹書》，《遊學譯編》，第2冊，1902年12月14日。

116 《女界義俠》，《女子世界》，第4期，1904年5月15日。

117 《警鐘日報》，1904年4月18日、23日。

四　內部矛盾

　　中國教育會是憑藉上海許多得天獨厚的條件生存發展起來的，這裡地處中外交匯的中心點，又是國內新知識群的匯萃之所，外部信息靈，內向輻射廣。但也由此帶來成員背景各異，思想駁雜，性情相悖等不利因素。在租界特異環境和清末專制統治秩序調整鬆動的情況下，個人活力得以發揮，相互磨擦也因而加劇。中國教育會幾起幾伏，迭遭頓挫，清廷與殖民當局的鎮壓破壞固為主因，而中國教育會本身的弊病，則是從內部滋生的瓦解因素。

　　中國教育會最大的隱患之一，就是內部兩派分歧始終未得到合理調整與解決，激烈派希望藉此開展革命活動，溫和派則企圖變為純粹的教育機構。雙方沒有妥籌良策，協調步驟，而是迴避矛盾，各行其是。結果，合法與秘密兩方面事業不能始終並行不悖，兩派不斷地試圖使各自的主張成為唯一宗旨，否則就從事組織外的小團體活動，或是同時加入其他團體。這樣雖然避免了正面衝突，但人力物力資源難以公平分配，組織建設起伏動盪，組織功能無法發揮，內部矛盾衝突不斷爆發。為此，中國教育會很難提出一套政綱策略，廣泛吸引民眾，從而突破教育的外殼，真正成為政治核心與旗幟。所以，儘管它力圖發展為眾望所歸的政治團體，最終也只能把革命分子迫切要求組建革命大團體的潮流引導到同盟會的旗幟之下，而自身則在共和革命的凱歌進行中悄然消逝。

　　個人與宗派主義嚴重，成為中國教育會的一大弊端。近代中國的民主宣傳重自由而輕許可權，已經流弊匪淺。中國教育會激烈派中的一些人，受無政府主義影響較深，為害更重。他們鼓吹：「自由者何？凡吾心所欲為之事，吾皆得而為之，而人斷不能禁止吾壓制吾

也。」[118]從反對專制的角度看,這在當時確有積極意義。但極端個人主義的惡性膨脹,也產生了嚴重的消極作用。這股思潮氾濫的惡果之一,就是一九〇三年六月中國教育會與愛國學社的分裂。愛國學社成立後,學生大都加入中國教育會,雙方在組織和財政上名義有別,實際上難分彼此。大家通力合作,使會社事業日新月異,呈現出生機勃勃的景象。

然而,暫時的成功沖昏了一些人的頭腦,部分學生開始向中國教育會鬧獨立。他們藉口財務原因,「揭示戒諸生勿往來中國教育會治事室」[119],並拒絕出席中國教育會例會。在五月二十四日中國教育會月會上,有人偶而提到「教育會立愛國學社」,「學社即教育會之一部分」,[120]學生趁機發難,揭出《愛國學社之主人翁》一文,以「愛國學社與教育會者,平等之二團體」為名,挑起會社主體之爭,還刊登廣告,嚴分會社關係。會長黃宗仰從中多方調解,但章太炎與吳稚暉卻因素有積怨而各執一端,吳表同情於社員,章則主張不與學社合作,並指責「學生踞學社,不務儲能為國用,日夕相與議論結黨援以與本會抗,學社之不復為本社有明甚。」提議:「以書警之,能幡然悟則善矣,不然並削諸學生籍。」[121]黃宗仰、蔡元培等調解無效,六月十三日,中國教育會為此特別召開評議會。蔡元培鑒於戊戌梁啟超與汪康年爭奪《時務報》兩敗俱傷,徒授反對黨以口實,主張聽學社獨立。黃宗仰表示贊同。六月十六日,蔡元培辭職北上青島。三天後,愛國學社發表《敬謝教育會》一文,宣告獨立。接著。黃宗仰公

---

118 錢瑞香:《論自由》,《童子世界》,第10號,1903年4月15日。

119 金天翮:《蔡治民傳》,《天放樓文言遺集》卷三。

120 《紀事》,《童子世界》,第32號,1903年6月6日;俞子夷:《回憶蔡元培先生和草創時的光復會》,《文史資料選輯》,第77輯。

121 金天翮:《蔡治民傳》,《天放樓文言遺集》卷三。

開致函《賀愛國學社之獨立》，承認既成事實，咽下澀果。

這股革命激流中泛起的濁浪，引起輿論界諸多非議，不少人對學生任意妄為的「獨立自由」精神表示懷疑和不滿。當時清政府正與租界當局相勾結，密鑼緊鼓地策劃對上海革命勢力進行鎮壓，分裂使得愛國學社和中國教育會兩敗俱傷，失去應變能力，結果讓統治者陰謀得逞，學社瓦解，中國教育會風雨飄搖，教訓極為慘痛。

中國是鄉土氣息十分濃重的社會，即使在上海這樣的國際化大都市中，移民的血緣關係已在脫離故土時破碎，也仍然由地緣關係所取代，全體市民分為大大小小二十一個商幫，由不同的會館公所組織控制。[122]生長於其中的新知識人士也難免受此影響，中國教育會會員的宗派行為有時就由地緣形成。一九〇三年十月，王慕陶、劉成禺等人因《繁華報》所登國民叢書社聯語有傷書社名譽，與《國民日日報》主筆連孟青發生衝突，牽連章陶嚴。[123]經章士釗調解無效，雙方遂在報刊上大啟戰端，互相攻訐。林獬兄妹亦捲入戰團，火上澆油，使衝突不斷升級。戢元丞等聯合湖北在滬同人公告為王、劉二人辯誣，衝突進一步擴大，中國教育會不得不開會干預。會上林獬、張繼

---

122 楊蔭杭：《上海商幫之大勢》，《商務官報》，丙午第12期，1906年8月14日。

123 此事詳情為：王慕陶延納同鄉張香全入國民叢書社居住，張帶下女同居，為同人所責。連夢青聞知其事，偶與《世界繁華報》記者談及。該記者揭諸報端，並誤將張一人之事記為該社諸君所為。國民叢書社以此事有傷全社名譽，向《繁華報》提出質問。該報館主李伯元表示願來社服禮。逾時李未到，劉成禺和叢書社英文教習盧和生（英籍粵人）再往報館詢問，在報館門口遇見盧友美人某（一說為法人），同入館內。館主稱消息由連夢青提供，連適在座，推為章陶年囑登。劉、盧等遂告退。後《國民日日報》載文指劉、盧率洋人假冒巡捕，借異族威嚇同種。盧路遇連，以洋傘擊其背。章士釗以事關《國民日日報》，且與王交善，出面調停。交涉間程泳生來晤王慕陶，以章偏袒，忿而斥之，章弗衣去。《國民日日報》社指盧毆連為王、劉所指使。林獬與王有隙，開會時據一面之詞責王，激化矛盾（《上海國民之風潮》，《國民日日報》，1903年10月17日）。

「跋扈專橫，以意氣相淩壓」，王慕陶一氣之下，憤然脫會。他是中國教育會的創始人之一，「曾盡國民事業，兩歲在獄」，[124]在與愛國學社分裂後的最困難時期，和同志「收合餘燼」，以圖「重行組織」。出會之後，他餘怒未消，痛責會中一些人「鬼氣恢恢，月復一月，不思振作。」這次衝突給中國教育會帶來嚴重的後遺症，不少會員對此類無謂之爭極為反感，所以「當召集時，多半未到。」[125]更為嚴重的是，上海當時已成為國內政治鬥爭的中心點，革命陣營一再發生內訌，大大損害了其聲譽形象。

在內部衝突中，會員之間還屢次發生大打出手的野蠻舉動，如徐敬吾與何海樵、徐敬吾與蔣維喬、章陶嚴與章太炎、吳稚暉與章太炎等。這種行為加劇和擴大了會員的矛盾裂痕，並留下很深的積怨。如蔣維喬被毆後於日記中寫道：「此仇不可忘，余此生不能報，余子余孫不可忘之！」[126]甚至因此心灰意懶，不願接辦愛國女校。直到後來他撰寫《中國教育會之回憶》時，仍不忘舊惡，對徐敬吾極力貶抑。中國教育會的內弊，不僅直接危害自身的事業和組織，也給以後的革命團體造成隱患。一些人加入同盟會後，繼續搞獨立鬧分裂，成為導致同盟會渙散的重要原因。

從聯繫的環節考察，是認識事物的重要途徑。中國教育會以公開和秘密兩面出現，剛好適應了處於過渡狀態的進步知識分子的普遍需求。它在組織上推動新式社團由區域擴展到全國性，思想上促使維新春雨化作革命驚雷，行動上帶動長江中下游知識分子投身革命，在經濟文化的中心區形成新的革命基地，並將反清浪潮引向內地，這三方面的作用，都明顯表現出過渡特徵。隨著形勢的發展，中國教育會越

---

124 《湖北在滬學生代王劉二君公告》，《大陸》，第12期，1903年10月28日。

125 《王侃叔致教育會書》，《大陸》，第12期，1903年10月28日。

126 《鶴居日記》，癸卯五月二十二日。

來越不能容納青年志士的革命激情，而一九〇六年學部頒布《中國教育會章程》，對原有教育會組織在合法化的同時，「整齊而劃一之」，禁止從事教育以外的事業，使其公開活動也大受限制。中國教育會在兩方面的中心地位分別為同盟會和立憲派士紳的社團所取代，政治舞臺上的作用逐漸淡出。這樣，中國教育會的產生、發展和衰落，就成為衡量近代知識分子內心世界及其政治傾向變化發展的重要尺度，反映出中國社會在清末短短幾年間所經歷的潛移默化的深刻變動。

第七章
軍國民教育會

　　軍國民教育會是清末新知識界中出現較早、規模影響較大的政治團體。它對此後革命運動的發展和革命團體的組建起了很大的推動作用，許多革命黨人曾予以高度評價，說：「此實學界民族革命團體之嚆矢。」[1]「湖南之華興會、安徽之武毅會（按應為岳王會）、浙江之光復會，皆由是而出。」[2]「自軍國民教育會創立後，革命黨人功用從此一大進步，均由鼓吹時代而漸趨於實行一方面。」[3]的確，該會的組織、性質與活動，很大程度上體現了當時留日學界的思維行為趨向。但由於資料的限制，如何理解上述評價，及其與史實原本間的關係，存在不少問題。一九六二年，金沖及、胡繩武先生曾撰文對有關史實進行考辯。一九七〇年代末，楊天石、王學莊先生又編輯了《拒俄運動》資料集，並發表了相應的研究成果，為全面、深入地研究該組織提供了重要依據。在此之前，臺灣的張玉法教授和日本神戶學院大學的中村哲夫教授在有關研究中也分別做過數量統計或挖掘出關鍵性的檔案資料。這些都使最終定論成為可能。

1　劉揆一：《黃興傳記》，中國史學會編：《中國近代史資料叢刊・辛亥革命》（四），第276頁。

2　宋教仁：《程家檉革命大事略》，《國史館館刊》，第1卷，第2號，第70頁。

3　陶成章《浙案紀略》，中國史學會編：《中國近代史資料叢刊・辛亥革命》（三），第16頁。

一　產生與結局

軍國民教育會組織上是由拒俄義勇隊、學生軍演變擴大而來，精神上則是甲午戰後中外矛盾不斷激化，新知識群救亡振興熱情不斷高漲的產物。

十九世紀末到二十世紀初，中國的傳統士紳發生重大變動，從中分離出一個新的群體，它主要包括兩部分人，一是受西學東漸影響較深的開明士紳，一是國內外新式學堂培養出來的青年學生。面對日益嚴重的亡國危機和變法自救的失敗教訓，目睹清政府的專制腐敗，他們通過日本學習西方近代社會政治學說，提出了各式各樣的救亡振興主張，其中之一，就是從明治維新思想家那裡改頭換面搬來的「軍國民主義」。

「軍國民主義」的概念，由日本倒幕思想家的軍國觀與梁啟超宣導的國民觀相融和演化而來。[4]一九〇一年十一月，林獬、林長民等杭州日文學堂學生主辦的《譯林》雜誌，從第九期起連載長篇譯文《軍國論》，文章以歐洲近代戰爭為例，分析指出，戰爭勝負決定於綜合國力，近代國家強盛的原因之一在於全民皆兵。次年二月，蔡鍔（署名奮翮生）在《新民叢報》第一號上開始發表長篇連載《軍國民篇》，詳盡論述了在中國提出軍國民主義的原因和意義。他說：

> 甲午一役以後，中國人士不欲為亡國之民者，群起以呼嘯叫號，發鼓擊鉦，聲撼大地，或主張變法自強一議，或吹煽開智之說，或立危詞，以警國民之心，或故自尊大，以鼓舞國民之志。未幾而薄海內外，風靡回應，皆懼為亡國之民，皆恥為喪

4　據容應萸博士示教，明治時期日本只使用過「軍國」，而沒有軍國民的概念。

家之狗。未幾有戊戌變法自強之舉，此振興之自上者也；逾年
有長江一帶之騷動，此奮發之自下者也；同時有北方諸省之
亂，此受外族之憑陵，忍之無可忍，乃轟然而爆發者也。文字
之力，不亦大且速哉！昔中國罹麻木不仁之病，群醫投以劇
藥，朽骨枯肉，乃獲再甦，四肢五內之知覺力，逐日增加。然
元氣凋零，體血焦涸，力不支軀。……中國之病，昔在神經昏
迷，罔知痛癢；今日之病，在國力孱弱，生氣銷沉，扶之不能
止其顛，肩之不能止其墜。奮翮生曰：居今日而不以軍國民主
義普及四萬萬，則中國其真亡矣。

　　所謂軍國民主義，「昔濫觴於希臘之斯巴達，汪洋於近世諸大強
國」，其淵源是古希臘城邦國家斯巴達的全權公民軍事制度和近代普
魯士首相俾斯麥的鐵血主義。它要求社會和國民生活軍事化，以對內
鎮壓被統治者，對外爭奪區域霸權。所以中國的宣導者說：「帝國主
義實由軍國民主義胎化而出者也。」[5]「故軍國民者，實民族帝國主
義之根萌也。」[6]這本是應予否定的東西。但是，正如《天演論》一
樣，在西方已趨反動的社會理論，一經搬到中國，就有了嶄新的意
義，成為激勵人們昂然奮進的強心劑。

　　軍國民主義的具體要求為：第一，社會成員按軍事編制進行組
織，「蓋國家之興廢盛衰，直接於個人之安危休戚，茲理之觸接於腦
也，惟軍人為尤易而顯。然則社會而以軍人之精神組織之乎，奚患其
不愛國也，奚患其無公德也。」[7]第二，對全體國民實施軍事教育和
訓練，以期「基礎既堅，體質既固，雖使千鋒萬刃，何間而可得而闖

5　奮翮生：《軍國民篇》，《新民叢報》，第1號，1902年2月8日。

6　憶琴：《鑄自由鐘說》，《童子世界》，第31號，1903年5月27日。

7　百里譯：《軍國民之教育》，《新民叢報》，第22號，1902年12月14日。

入乎？」[8]也就是說，對於國家要以軍事組織統一國民意志與行動，消除一盤散沙的狀況；對於每個國民則要強健體魄，學習掌握軍事知識與技能，洗刷東亞病夫的形象，從而使國強民健，挽救民族危機，進而崛起於東方，爭得民族平等地位。由此可見，軍國民主義本質上是一種反對列強霸道強權的愛國思想，而不是一個革命口號。

然而，作為新知識分子提出的救亡振興主張，軍國民主義除了反抗外強的內涵，還要求變革專制制度，使民眾由中世紀的臣民進化為近代國民，並相應實行民主政治。其宣導者反對專制奴化教育，認為「授以仁義禮智、三綱五常之高義，強以龜行鱉步之禮節，或讀以靡靡無謂之詞章，不數年遂使英穎之青年，化為八十老翁。」對歐美近代國民教育則無限憧憬，他們比較道：「歐美諸邦之教育，在陶鑄青年之才力，使之將來足備一軍國民之資格；中國之教育，在摧殘青年之才力，使之將來足備一奴隸之資格。以腐壞不堪之奴隸，戰彼勇悍不羈之國民，烏見其不敗耶？」[9]有人進而指出：中國國民腐敗，「一原因於政體」，「一原因於外侮」。「中國數千年之政體，專制政體也。歷代英君雄主，恐民之起而抗己也，乃為種種防民之術，於是挾弩有禁，佩劍有禁，飾其詞曰偃武修文，美其名曰重文輕武，務使人盡病夫，國無壯士，而心始甘焉。」「民受其毒，以致國亡種滅。」[10]

作為二十世紀初青年知識分子的政治要求，與戊戌時期維新派的主張也有很大不同。其重心不在於憑藉皇權龍威發動自上而下的改革，而是依靠國民大眾，視國民強弱為國運興衰的命脈。「夫主人翁之資格者，即軍國民之資格也。」[11]這種軍國民式的主人翁，首先要

8　《軍國民思想普及論》，《湖北學生界》，第3期，1903年3月29日。

9　奮翮生：《軍國民篇》，《新民叢報》，第1號，1902年2月8日。

10　脫羈：《軍國民主義》，《萃新報》，第6期，1904年9月10日。

11　《無錫俟實學堂衝突之忠告》，《蘇報》，1903年6月9日。

求改變百姓孱弱屈從，統治者蠻橫霸道的狀況，以尚武加民主，使民眾同時完成由臣民到國民、由羔羊到鬥士的轉變，打破官府列強賴以逞凶的武力壟斷。

> 軍國民主義者，至光耀之名詞，至高尚之品格也。有尚武精神而國家思想薄弱者，可謂之軍人而不得謂之軍國民，有愛國熱心而不能堪軍旅之艱辛者，可謂之國民而亦不得謂之軍國民。故軍國民者，以國民而兼為軍人，有尚武之精神而有國家之思想者也。蓋惟富於國家思想者知國與身之關係，而後能犧牲個人之利益以求多數之幸福，擲頭顱，流鮮血，以揚祖國之光焉；亦惟有奮不顧身之氣概，而後愛國之熱力始能實踐。故二者如輔車相依，如表裡相附，不少偏廢者，始能享此榮名。[12]

只有人人都具備軍國民資格，從奴隸變成主人，才能外抗強權，內拒專制，使國家臻於強盛。如西方各國，「國內之兵力盛者，所伸之許可權斯大。而伸此許可權往往不盡關政府之意見，而由於人民膨脹之威力。壯哉彼國民也！」[13]軍國民主義正是貫徹主權在民理念的可靠保障。這種興民權以強國強種的主張表明，庚子以後，清王朝在進步人士的心目中已經喪失了國家民族代表的資格。因此，提倡軍國民主義，對於中華民族具有抗擊侵略，奮發圖強的激勵作用，對於清政府的統治權威，則是一種對抗和瓦解的因素。由於這一概念容易賦予革命的解釋，有的激進分子就把它與反清革命直接聯繫起來，指出：中國「一奴於同種之漢族，再奴於滿洲民族，三奴於歐西民

---

12 脫羈：《軍國民主義》，《萃新報》，第6期，1904年9月10日。
13 《軍國民思想普及論》，《湖北學生界》，第3期，1903年3月29日。

族」，重重壓迫，積弱不振。而當今天下，「強則無往而不利，弱則無往而不敗，而能操縱此強權者，寧非軍國民耶？」「他日軍國民之資格既已完備，大之可以禦外，小之可以革命，馴使脫離專制，自由鐘聲震長衢」，大聲疾呼：「以軍國民鑄自由鐘！」[14]

近代知識分子提倡軍國民主義，不可避免地有其局限性。他們認識到軍國民主義向外擴張，即轉變為帝國主義，卻未予以批判。有人甚至提出：「擴張國勢，膨脹民族，宣傳我國民特質於二十世紀之歷史中，勢力圈分劃乎歐美，殖民策播布乎非澳，以壯我國民特色，展我國民威力，施設我國民進取手段。」[15]由抵制侵略而爭霸世界。儘管其用意在於激勵國民，但也說明軍國民主義只是被壓迫民族的民眾用於反抗外強和專制統治時才具有進步意義，一旦超出這一範圍，勢必走向反面。

不過，由於軍國民主義在很大程度上切中了中國社會的時弊，進步知識分子競相宣傳鼓吹，一時間舉國風行。受此影響，一九○三年拒俄運動中，全國各地不少青年學生和開明士紳組織義勇隊，進行軍事操練。把軍國民主義貫徹於行動，就是實施軍國民教育。

一九○三年四月，拒俄運動因沙俄拒不撤兵，妄圖永遠霸占中國東北而迅猛高漲。留日學生聚居的東京和中國近代經濟文化最為發展的上海，形成兩個鬥爭中心。軍國民教育會的組織即出現於上述兩地。

這時的留日學界，不僅人數增至九百名，政治熱情也持續高漲。新年甫始，鬥爭浪潮就前推後湧，滾滾而來。舊曆新正初二大會上，馬君武暢言革命排滿，全堂五六百名留學生一齊鼓掌。隨後接連發生

---

14 憶琴：《鑄自由鐘說》，《童子世界》，第31號，1903年5月27日。

15 《軍國民思想普及論》，《湖北學生界》，第3期，1903年3月29日。

了大阪博覽會臺灣館事件，反對弘文學院新定規則的退學事件和成城
學校運動會補懸中國國旗事件，參加者動逾數百。學生們集會演說，
慷慨陳詞，大大激發了愛國熱情。四月下旬，留日學界又召開拒法大
會。同時，宣傳組織活動也十分活躍，各省同鄉會、懇親會紛紛成
立，報刊雜誌如雨後春筍，還成立了一些編譯團體，翻譯出版各種西
文日文的社會人文科學著作。東京軍國民教育會正是在這樣的背景
下，由拒俄運動洪峰推動而形成。

　　一九〇三年四月二十九日，留日學生驚聞沙俄拒絕從中國東北撤
兵的警報，先後召開留學生會館幹事、評議員會議和全體大會於錦輝
館，決定組織義勇隊，分軍隊和本部辦事兩部，簽名者達一百八十餘
人。五月二日，全體學生再度集會，改名為學生軍，編成三個區隊，
公推蘭天蔚為隊長，龔光明、吳祐貞、敖正邦為區隊長。五天後，因
風聞日本外務省欲干預學生軍活動，留學生集議改名為軍事講習會，
並推舉葉瀾為起草員，鈕永建、王璟芳為參議。後神田警署果然下令
解散學生軍。經留學生反覆討論，並徵求了上海中國教育會代表汪德
淵的意見後，遂於五月十一日改學生軍為軍國民教育會。至此，東京
軍國民教育會正式宣告成立。

　　消息傳開，上海新知識界聞風回應。自一九〇二年春中國教育會
成立後，上海新知識分子群體的力量增長很快。是年十一月，南洋公
學爆發退學風潮，退學生在中國教育會的幫助下組建愛國學社。受此
影響，東南一帶退學風潮此伏彼起，一批具有愛國民主思想的青年衝
破重重阻力，彙聚於愛國學社。通過全力支持學潮，中國教育會的聲
望大振，與許多省份的民辦教育會以及進步知識界建立了聯繫。四月
二十七日，上海各界人士一千餘人率先集會，抗議沙俄的侵略行徑，
並組織了四民公會。四月三十日，上海進步人士再度集會，群情激昂
之際，接到留日學生成立義勇隊的通電，立即決定編隊響應，「臨時

簽名者甚眾。」[16]但因缺少教練,沒有具體組織和活動。不久,南京陸師學堂退學生三十餘人到滬加入愛國學社,解決了教練問題。東京方面改換名稱後,上海義勇隊支部也於五月中旬改稱軍國民教育會。

軍國民教育會並沒有能夠長期堅持下去,僅僅存在了兩個月,就在清政府的鎮壓和內部矛盾衝突下瓦解了。

上海軍國民教育會主要由愛國學社師生組成,其活動與該社的存亡息息相關。清政府對於愛國學社的革命活動早就視若眼中釘、肉中刺,必欲去之而後快。拒俄高潮剛起,清政府就以上海「愛國會社諸生,借俄事為名,在張園演說,議論狂悖」為名,密電江寧查禁拿辦。湖廣總督端方與江蘇巡撫恩壽認為愛國學社「黨羽眾多,陰有巨魁主持」,主張「責成滬道知會領事及工部局密行設法誘拿數人,餘自解散。」[17]六月中旬,蔡元培等人因此被迫離滬。

是月底,清政府與租界當局製造了震驚中外的《蘇報》案。事發後,愛國學社學生不畏強暴,繼續堅持鬥爭。七月七日,端方為此電告張之洞:「報館雖允封閉,然尚出報。逆黨聚議,仍在愛國社。近日學生恣肆,《蘇報》凶橫,皆愛國社會所為。《蘇報》館既封,愛國社更應嚴禁。」要求清廷電令兩江總督魏光燾「妥速辦理」。[18]但清政府處理《蘇報》案頗為棘手,在租界不能任意施暴,加上該案風聲遠播,各地學生人人自危,絡繹東渡,國際輿論譁然,清政府唯恐激成更大的風潮,所以始終沒有正式查封愛國學社。

---

16 《譯西報紀張園會議事》,《蘇報》,1903年5月8日。

17 光緒二十九年五月二十八日《兼湖廣總督端方致軍機處電》,光緒二十九年五月二十八日《兼湖廣總督端方致兩江總督魏光燾電》,中國史學會編:《中國近代史資料叢刊‧辛亥革命》(一),第443、444頁。

18 光緒二十九年閏五月十三日《兼湖廣總督端方致內閣大學士張之洞電》,中國史學會編:《中國近代史資料叢刊‧辛亥革命》(一),第456頁。

　　《蘇報》案前，愛國學社與中國教育會因故發生衝突，並於六月十五日宣告獨立。這樣，由雙方聯合組成的軍國民教育會，實際上已經分裂。《蘇報》案發之際，愛國學社一部分學生因暑假返歸故里，一部分則亡走日本，此後再未恢復，無形中解散了。從時間上推斷，愛國學社的解體當在七月中旬。與此相應，上海軍國民教育會的活動也告結束。[19]

　　東京軍國民教育會解體的原因，主要是由於內部政治傾向不同，在革命與否的抉擇關頭發生了大分裂。先是，軍國民教育會以「養成尚武精神，實行愛國主義」[20]為宗旨，並派出特派員歸國運動官府朝廷，結果不但毫無收效，反而遭到清政府的疑忌壓制。痛定思痛，七月五日，在軍國民教育會歡迎特派員東歸的全體會員大會上，秦毓鎏等十五人提出改宗旨為「養成尚武精神，實行民族主義」[21]，要求公開打出革命旗號。擔任該會經理的留日鄂生王璟芳當場表示反對，聲稱：「大清不可背負，政府不應亂詆。」[22]革命與否的問題尖銳地擺到每一個會員的面前，迫使他們明確表態。面對政府高壓，作為各種愛國力量聯合陣營形式的軍國民教育會已不能繼續維持，要想求得生存和發展，唯有再進一步，踏上革命軌道。

　　然而，值此關鍵時刻，該會卻不幸發生分裂，未能實現組織上從愛國到革命的轉變。關於此事，有如下記載：一、《浙江潮》第六期《特派員之還東》：「有某某會員提出改革意見，宣告大眾，會員贊成

---

19 關於愛國學社的解體，參見蔡元培：《在愛國女學校之演說》，《東方雜誌》，第14卷，第1號，1917年1月15日；蔣維喬：《鷦居日記》，癸卯六月十八日；馮自由：《革命逸史》，初集，第119頁；1903年10月《致柳亞廬書》，湯志鈞編：《章太炎政論選集》，上冊，第249頁。

20 《軍國民教育會公約》，《江蘇》，第2期，1903年5月27日。

21 馮自由：《革命逸史》，初集，第111頁。

22 《中外日報》，1903年10月15日。

者過半。惟某某等以意見微有不同,並或因病,或因才不足,當場脫會者十餘人。」二、端方在致張之洞和清政府電報中,分別稱當日「相率出會者百餘人」[23]:「相率出會者二百餘人,後出會愈多,僅剩數十人,黨羽星散,遂不能成軍。」[24]三、一九〇三年八月二十一日《嶺東日報》報導:「當堂請除名者七十餘人,及散會後遞言除名者又數十人,現在所餘者僅三十餘人,而其中代表人亦極力主張解散。」四、陳天華《獅子吼》記:「當時留學生的程度,十分參差,經滿洲政府幾番嚴拿重辦以後,和平的怕禍要退出會去,激烈的索性把『拒俄』二字,改稱『革命』。兩相衝突,那會便解散了。」

東京軍國民教育會共有會員二百〇八人,而且這時已有不少人歸國運動,所謂「相率出會者二百餘人」,顯係誇大之詞。但《嶺東日報》傾向革命,陳天華則親歷其事,《獅子吼》的寫作年代距事件又近,所記當近事實。一九〇四年三月二十九日《警鐘日報》載文《論立會之理由》,分別以「久」、「暫」、「未久」、「近立」標明勵志會以後各進步團體的狀況,其中軍國民教育會一條下標以「暫」,即當時這個組織已不復存在。《國民日日報》所載《嗚呼國民之前途》一文亦稱:軍國民教育會「固一世之雄也,而乃如電光,如石火,不匝月而化為烏有。」[25]至於《浙江潮》的報導,應是善意的隱晦。從一九〇三年五月到一九〇四年初,軍國民教育會中的主要革命分子約四十人相率歸國,他們在七月以後都沒有以軍國民教育會的名義進行活動,而東京也不可能存在一個革命的軍國民教育會本部。有些記載說直到同盟會成立,軍國民教育會仍然保持組織活動,是缺乏根據的。

---

23 光緒二十九年閏五月二十九日《兼湖廣總督端方致內閣大學士張之洞電》,中國史學會編:《中國近代史資料叢刊‧辛亥革命》(一),第470頁。

24 《中外日報》,1903年10月15日。

25 《國民日日報彙編》,第3集,社說,第47頁。

二 組織與活動

由於軍國民教育會存在時間很短，關於它的組織與活動，多語焉不詳，因而有必要考察詳實。

首先，會員人數與籍貫。東京學生軍成立時，全隊一百二十一人，加上本部辦事員三十一人及女隊員十二人，有名可考者共一百六十四人。[26]改為軍國民教育會時，因日本福島安正少將的干涉，學生軍隊長藍天蔚及三個區隊長龔光明、敖正邦、吳祐貞均未加入，隊員吳壽康、楊士照、施爾常和本部辦事員林誌均、程樹德等也因故退出。儘管如此，會員總數還是增加到二百〇八人。籍貫可考者如下：

江蘇56人：*鈕永建、*費善機、*廖世勣、*黃鐸、*朱祖愉、*蔡文森、*陳福頤、*張肇桐、*秦毓鎏、*貝均、*華鴻、*陳去病、*徐家瑞、*沈成鈞、*吳雄、*張修爵、*濮祁、*朱孔文、*倪永齡、*彭樹滋、*夏斌、*陸規亮、*陸龍翔、*楊汝梅、*張兆熊、*張景光、*諸翔、*楊言倡、*秦文鐸、*胡克猷、*王季緒、*顧樹屏、黃以仁、顧次英、*吳欽廉、葉基勤、*劉鍾和、*許嘉樹、葉基楨、經家齡、貝鏞禮、*吳治恭、*夏清馥、辛漢、朱廷祿、吳傳祓、張懋德、*鄧官霖、陳定保、*何世準、*曹汝錦、*陳懋勰、*華桂、*胡彬、*吳芙、*周佩珍。

福建28人：*林長民、*方聲洞、*高種、*林先民、*蔡世俊、

26 參見《學生軍名單》，《蘇報》，1903年5月18日；《癸卯留日學生軍姓名補述》，馮自由：《革命逸史》，第5集；《記仇滿生》，《浙江潮》，第6期，1903年7月12日。

陳與年、薩端、*王學文、*王永炘、*鄭憲成、*施傳盛、*林獬、*李宣威、林楷青、*翁浩、*沈剛、*方聲濤、*林肇民、王學來、*王兆楠、*江爾鵑、林蔚章、薩君陸、*王孝縝、王孝夢、方聲煊、*林宗素、*方君笄。

廣東23人：*張崧雲、*黃潤貴、*陳茹昌、*朱少穆、*李天錫、*唐壽祺、*胡鎮超、*盧藉剛、*劉志芳、*馮啟莊、*伍嘉傑、*陳芙昌、*黃實存、*韋仲良、*歐陽幹、*甘啟元、*鮑應鑠、*蘇子谷、*黎勇錫、李錫青、區金鈞、桂少偉、盧年泰。

湖北22人：*余德元、*王璟芳、*歐陽啟勳、*黃立猷、*劉成禺、*周兆熊、*陳雲五、*李雋、*王鎮南、*張魁光、*尹援一、*王明芳、胡錚、陳榮鏡、*李書城、屈德澤、*盧啟泰、周維楨、洪範、*楊霆垣、黃瑞蘭、*王蓮。

浙江17人：*湯橎、*丁嘉墀、*俞大純、*葉瀾、*王嘉榘、*董鴻禕、*王儁基、*龔國元、*韓永康、*許壽裳、*李炳章、*胡俊濟、*潘國壽、*石鐸、濮元龍、鍾傑、*錢豐保。

直隸12人：*張淳、楊毓蘋、*嚴智崇、張書詔、*張殿璽、*劉景沂、*馮廷美、*陳之驥、邢之襄、李士熙、王鳴皋、*尚毅。

湖南10人：*黃軫、*陳天華、*楊毓麟、*周宏業、*陳介、*袁華植、*楊明翼、*高兆奎、*羅元熙、許翔。

四川8人：*劉蕃、涂永、王章祐、曾天宇、張小沖、胡景伊、周道剛、徐孝剛。

　　江西7人：*謝曉石、*徐秀鈞、*李盛鐸、趙世瑄、*劉景熊、
　　　　　　　*劉景烈、*陳秉忠。

　　安徽5人：*程家檉、*蒯壽樞、*戴麒、*戴贊、*龔圓常。

　　貴州1人：*蹇念益。

　　山西1人：*何厚侗。

　　奉天1人：*張毓靈。

　　山東1人：*張允斌。

　　旗籍4人：*宜桂、鍾音、長福、額勒精阿。

　　不詳12人：*董猛、*任責、劉文福、*周慶晃、*方舜階、*平
　　　　　　　士衡、李壽康、*劉希明、喬示臣、梁孟剛、廖
　　　　　　　蕃、*鈕勤華。[27]

　　上列表明，江蘇、廣東、四川、江西直隸等省入會人數與留學生總數比例相當，均有三分之一到二分之一的人入會；湖北、湖南、安徽、浙江等省則低於這一比例；而總人數不多的福建學生卻有二十八人參加，居第二位。這時整個留日學界的愛國熱情都在迅猛高漲，許多人雖未正式入會，但以捐款等方式表示支持。所捐多則三十圓，少則五角錢。當時留學生的生活並不寬裕，「官費者僅能自給，自費者

---

27 參見《軍國民教育會會員名單》，楊天石、王學莊編：《拒俄運動：1901-1905》，北京，中國社會科學出版社，1979年版，第127-128頁；《清國留學生會館報告》第二、四、五次。名字前標有*號者為學生軍成員。張玉法《清季的革命團體》統計會員共一百九十人，其中王侃、何澄、吳祐貞、李祖宏、汪榮寶、林志均、周來蘇、施爾常、胡毅生、敖正邦、陳海鯤、陳榮恪、張世膺、湯標、湯祚賢、程樹德、曾楨、鄒容、董鴻祥、蔡懋鑫、樊錐、盧少歧、鍾震川、藍天蔚、魏蘭、蘇鵬、龔光明等二十七人，並非會員，他們有的參加過學生軍，有的則只是捐款人。鄒容早已離日居滬。陳海鯤即陳鯤，自號仇滿生，一九〇三年六月九日始赴東，行至馬關即蹈海死。李壽康或即吳壽康。

大半稱貸，曲質而徙，經費困難，常有朝不保暮之象。及聆開會時一番痛哭流涕之演說，靡不惻然心動，願割己之肉以為人食。故東京留學生之捐款，雖一元半元之微，而其中有斑斑點點之血淚在。」[28]如果加上捐款人，則支持擁護軍國民教育會者達五百人，超過了留日學生的半數。[29]值得一提的是，這場愛國運動不僅吸引了廣大漢族學生，滿族學生也參加到鬥爭行列中來，軍國民教育會就有四名旗生。

軍國民教育會存在僅兩月餘，又沒有在東京擴大發展組織，所以，凡未列名此表者，則不是會員。有一些具有革命思想的留學生，如周樹人、廖仲愷、何香凝、仇式匡、吳永珊、潘贊化等，當時雖在東京，卻沒有加入軍國民教育會。

上海軍國民教育會主要由中國教育會體育部和愛國學社學生組成，其人資料蔣維喬《中國教育會之回憶》：「自蔡子民、吳稚暉、宗仰等重要會員，及年齡較長之社員，志願入會者九十六人。」這一回憶是以日記為據寫成，其日記稱：「是月愛國學社諸君因外界刺激，遂編成軍國民教育會，入會者九十六人。」[30]應屬可靠。《童子世界》第三十二期曾詳載一九〇三年五月調查的愛國學社一百三十二位學生的名單，惟缺乏資料，難以確認其中的入會者。

其次，組織概況。

東京軍國民教育會有比較完善的組織機構，設執法員三人，事務員十人，其中經理四人、會計員三人，書記員三人（後增補許壽裳為書記，共四人），由會員公舉產生，並由職員公推葉瀾為職員長，負責召集職員處理日常事務。凡遇重大問題則須召開全體會員大會討論

---

28 《記改進學社向勵志學社借款事》，《蘇報》，1903年7月1日。

29 《軍國民教育會捐款清單》，《楊天石、王學莊編：《拒俄運動：1901-1905》，第129-133頁。名單共列四百八十八人，其中有些不是留學生，而有的會員則未捐款。

30 蔣維喬：《鶼居日記》，癸卯四月三十日。

決定，會前臨時推舉議長，「如議事時贊成、反對者其數適均，議長得決定之。又辯論時妄用意氣，節外生枝者，議長得勸止之。」[31]職員任期半年，可連選連任。職員長和議長雖由聲望較著者擔任，但只是為會員辦事的服務者而非領導者。類似這種模仿民主選舉和分權制衡的組織形式，在當時進步知識分子的社團中十分流行，是他們反對專制，嚮往和追求民主制的思想傾向在組織上的體現。這與一些紳董名流控制下的地方自治團體或憲政團體對上要求分權，對下則集權壟斷，彼此又爭權奪利的情形適成鮮明對照。研究近代中國的社團政黨史，對此應予充分注意。

軍國民教育會還制訂了頗為詳盡的《公約》和《自治公約》，明確規定了宗旨、組織紀律以及會員的權力義務。這些規章在一定程度上鞏固了軍國民教育會的組織，使其活動制度化、規範化了。當然，由於該會是以會員自發的愛國熱情為基礎建立起來，這種非契約關係的結合，加上學生們缺乏自律精神，當道義力量減退時，公約的約束力不足，實際運作起來不如紙面規定有效。在非法制條件下，如何在堅持民主制度的同時，確保社團的有效運作，可以說是對民主的一大考驗。

建立軍國民教育會的主要目的是學習軍事，學生軍時曾將全隊編成三個區隊，十二個分隊。改換名稱後，因藍天蔚等軍事幹部退出和新會員加入，同時為了避免日方再度干涉，遂將此編制取消，「惟教育的體操，此後仍時時講習，不同軍隊形式。」[32]為此，把會員編成若干射擊班，以便進行軍事學習和訓練。

與軍國民教育會有關的一個組織，是留日女學生的共愛會。該會

31　《軍國民教育會公約》，《江蘇》，第2期，1903年5月27日。
32　《軍國民教育會覆神田員警署函》，《浙江潮》，第4期，1903年5月16日。

發起於一九〇三年春,「以拯救二萬萬之女子,復其固有之特權,使之各具國家之思想,以得自盡女國民之天職為宗旨」,計劃首先組織留日女生,然後「漸達其權力於祖國各行省。」[33]會中設事務長一人,書記一人,評議員二人。拒俄運動興起時,共愛會集議協助,胡彬等十二人報名參加義勇隊、學生軍,「逐日練習兵操」[34],並有七人加入赤十字社篤志看護婦會學習救護,準備隨軍出征,擔任救護。[35]後來全體會員均加入軍國民教育會,同時仍保持自己的組織和活動。因此也可以把它看作軍國民教育會的附屬。[36]

　　一九〇三年後,留日學界各省同鄉會紛紛成立,成為軍國民教育會與全體留學生聯繫的紐帶。先是,義勇隊與各省同鄉會之間存在一種前敵與後備的關係。「義勇隊既成,福建、江蘇、湖北、湖南、浙江、雲南、貴州、廣東各開同鄉會,演說義勇隊事,莫不嘔心瀝血,沉痛悲切。」[37]福建的方聲濤和浙江的潘國壽兩位少年在各自的同鄉會大會上要求加入義勇隊,年長學生加以勸阻,希望他們「留之以繼其後。」[38]浙江溫州籍十八位學生中僅石鐸一人入隊,他們的敬告同鄉書說:「豈我等之畏死遁死哉!我十七人公任其第二義務,俟開戰期決,束裝返里,誓與諸君出死力,鼓我甌人尚武之精神,造就軍國民之本領,組織一獨立軍,以待死期之至。」[39]這種關係一直持續到軍國民教育會時期。

33　《日本留學女學生共愛會章程》,《政藝通報》,癸卯第12號,1903年7月24日。

34　《女學生編成義勇隊》,《蘇報》,1903年5月9日。

35　《記留學女生擬創赤十字社之緣起》,《浙江潮》,第5期,1903年6月15日。

36　一九〇四年秋瑾到東京後,與陳擷芬等人重建共愛會,不過與軍國民教育會已無任何聯繫。有的回憶說秋瑾係發起而非重建,顯非屬實。

37　《學生軍緣起》,《湖北學生界》,第4期,1903年4月27日。

38　《軍國民教育會之成立》,《江蘇》,第2期,1903年5月27日。

39　《蘇報》,1903年5月8日。

　　上海軍國民教育會初創時組織不夠完善，為了鞏固團體，決定：「將採法諸大豪傑之手訂章程，加以嚴重之自治法。」[40]五月二十三日，遂召開月會，改變原來較鬆散的組織形式，設議長、代議長、執法等職員。[41]為了便於操練，還按軍事編制將會員編成八個小隊。

　　最後，主要活動。

　　東京軍國民教育會成立後，依據拒俄愛國宗旨，展開如下活動：第一，派遣特派員歸國。此舉早在學生軍階段即已議定，並推舉鈕永建、湯槱二人擔任特派員，目的是爭取北洋大臣袁世凱和清政府允許學生軍開赴前敵。五月十三日，江浙兩省同鄉會和軍國民教育會分別召開歡送會。次日，鈕、湯從橫濱乘「博愛丸」輪船出發，抵上海後與愛國學社取得聯繫，隨即北上，到天津向袁世凱請願，遭到拒絕。恰好此時《蘇報》案風波驟起，駐日公使蔡鈞又電告端方，指學生借拒俄行革命。端方通電沿海各省督撫，下令戒嚴，並電達北洋。袁世凱乃令葉祖圭率軍艦巡洋。後因某明達之士勸說，才撤令解除。[42]而上海卻風傳湯、鈕在天津被袁世凱殺害。鑒於形勢突變，軍國民教育會決定電召特派員東歸。七月四日，湯、鈕返抵東京，此行未能達到預期目的。

　　第二，派遣運動員到國內外各地。義勇隊成立時，即議決派人歸國到各殷富地方以及南洋各埠和歐美一些國家進行活動。軍國民教育會成立當天，以推舉、公認、自認等方式確定運動員十二人，即程家檉、費善機、張嵩雲、丁嘉墀、俞大純、黃軫、楊毓麟、陳天華、黃鐸、余德元、朱祖愉、黃潤貴。但實際不止此數，如六月六日出發的

40　《留學紀錄》，《湖北學生界》，第5期，1903年5月27日。

41　蔣慎吾：《興中會時代上海革命黨人的活動》，徐蔚南編：《蔡柳二先生壽辰紀念集》，第322頁。

42　《幾興大獄》，《新民叢報》，第33號，1903年6月9日。

廖世勤和負責湖南方面的許翔，均不在此列。運動員的主要任務是，散發《軍國民教育會集捐啟》，募捐籌款；聯絡各地愛國團體，擴大組織，並為此制定了《軍國民教育會內地及外埠入會章程》。從五月二十一日到六月十一日，楊毓麟等十一人相繼出發，朱祖愉、程家檉出發日期不詳，陳天華則遲至一九〇四年一月才歸國，其任務改由許翔承擔。運動員奔赴各自的活動區域後，依照公約規定，積極展開活動。開始，他們仍對清朝官吏寄予希望，走上層路線，如黃軫、楊毓麟等人曾與蘇、湘等省督撫周旋。但是，《蘇報》案後國內政局激變，完成原定任務的條件已不復存在，而這些運動員早已有革命思想，於是大都轉向鼓動反清革命，密謀暗殺舉義，如楊毓麟、黃軫、俞大純、費善機、餘德元等，都在各自的區域內開展革命活動。因此，就原定任務而言，也成效甚微。軍國民教育會的活動經費主要來自留日學生的捐款，各地回應義勇隊之舉，則大都是聞風而起的自發行動，而不是運動員活動的成果。

　　第三，進行軍事訓練。這是該會的基本活動。按《公約》規定，訓練分為射擊、體操、講習三部。從五月十八日起，各科訓練陸續開始。射擊在日本體育會裡進行，每週打靶一次。講習科由學生中的四位見習士官輪流講演戰術、軍制、地形、築城、兵器等課程。後因參加人數不多，擬改習普通科。體操則只限於所屬學校不設體操課程的會員。女會員不參加軍訓，到赤十字社篤志看護婦會學習救護。東京軍國民教育會的軍事訓練遠不如上海方面，該會職員說：「惟東京情形與滬上亦稍有不同，各人分居一也；學校功課不能荒棄二也；聚數百人排隊操演，驚動日人耳目三也。故欲如愛國學社之整齊，勢必有所不能。」[43]

---

43 1903年6月6日《葉瀾致費善機函》，《楊天石、王學莊編：《拒俄運動：1901-1905》，第115頁。

　　東京軍國民教育會的主要活動不超出愛國的範圍，馮自由說該會決定進行方法三種，「一曰鼓吹，二曰起義，三曰暗殺」[44]，顯然是把個別會員後來從事的革命活動當成組織活動的一部分，混淆了事實。正因為該會堅持拒俄愛國宗旨，在清政府的壓制下，其活動很難展開，無法達到預期的目的。

　　上海軍國民教育會的活動主要有兩項，一是繼續前此已經開始的演說，「每月都要到張園去演說一次，開演說會。演說的內容都是愛國主義、排滿、革命等等。」[45]二是軍事訓練。從五月中旬開始，「一律學習兵操，早晚兩操。又於學社之西偏租有廣大體操場。」[46]留日學生潘旋華歸國途經上海，在愛國學社親眼目睹「蔡鶴廎（元培）老先生近亦去辮，與學生早晚同習兵操，實令人可歌可泣。」[47]章太炎甚至主張「全學社中宜毀棄一切書籍，而一以體操為務。」[48]武裝抗俄的情緒十分高昂。

三　政治屬性

　　幾乎所有的回憶錄都說軍國民教育會是一個排滿革命組織，而撰寫者又大都是該會會員或當時的留日學生，如劉揆一的《黃興傳記》、陶成章的《浙案紀略》、秦毓鎏的《自書履歷》、李樹藩的《甲辰拒俄義勇隊與長沙之革命運動》、蘇鵬的《柳溪憶語》以及王輔宜的《關於軍國民教育會》等，其中說得最明確的是馮自由的《革命逸史》：

44　馮自由：《革命逸史》，初集，第112頁。
45　《南洋公學的一九〇二年罷課風潮和愛國學社》，中國人民政治協商會議全國委員會文史資料研究委員會編：《辛亥革命回憶錄》，第4集，第73頁。
46　蔣維喬：《鷦居日記》，癸卯四月三十日。
47　《安徽愛國會演說》，《蘇報》，1903年5月28日。
48　《與吳君遂書》，湯志鈞編：《章太炎政論選集》，上冊，第225頁。

軍國民教育會與義勇隊性質不同之點，後者屬於拒俄禦侮，而前者則屬於革命排滿，此其宗旨懸殊者也。義勇隊既解散，學生之卑怯者，以畏懼政府干涉，不敢再預聞政治運動。湖北學生王璟芳因舉發義勇隊志在革命有功，清廷嘉之，特旨賞給舉人。葉瀾、董鴻禕、秦毓鎏諸人不為少屈，乃於癸卯夏間發起軍國民教育會，群推秦毓鎏起草立會意見書。……軍國民教育會成立時，以本身性質屬於秘密團體，須預防破壞，且須計之破壞後之安排，故定名頗費斟酌。而招收會員，概取嚴密，人數不多，咸能恪守規章，保存機要。開會無定期，會場無定所，故自癸卯成立起至乙巳合併同盟會止，迄未破壞。……更推舉同志返國分省運動起義，名曰運動員，黃軫、陳天華即被派回湘之運動員也。[49]

關於軍國民教育會的性質，早在六〇年代，金沖及、胡繩武先生即作過考證，指出在秦毓鎏等人發表改變宗旨意見書之前，軍國民教育會不是一個革命組織。[50]但該文似未引起充分注意。而且由於將因此引起的組織解體僅認作成員分化，以為團體依然存在，並朝著革命方向轉化，此後海內外多數著述仍沿用舊說，張玉法便將該會列入《清季的革命團體》。直至近年，誤說還被一再重複。因此，全面核實誤點，深入揭示誤因，就顯得很有必要。

一九〇三年五月十一日，學生軍正式改稱軍國民教育會，當日大會通過的《公約》明確宣布宗旨為：「養成尚武精神，實行愛國主義。」《臨時公約》亦稱：「此公約之目的在拒俄。」[51]軍國民教育會

---

49 馮自由：《革命逸史》，初集，第109-112頁。

50 《軍國民教育會史實考辨》，《光明日報》，1962年11月21日。

51 《蘇報》，1903年5月25日。

派遣運動員歸國，並不是為了發動革命，而是募捐籌款，聯絡同人，
兩位特派員的使命更是向清政府及袁世凱請願。這樣一條上層路線，
遭到上海軍國民教育會的反對。「學生軍之出現也，熱心如沸，而種
族之界辨未明，欲運動偽廷與之共事。故特派員至上海，述前途方
針，演說於愛國學社。吳敬恆首反對之。軍國民教育會之募捐啟，亦
為《蘇報》所齒冷。」特派員北行失利，清政府誣指學生「名為拒
俄，實則革命」，《蘇報》案的嚴酷事實以及上海同志的尖銳批評，才
使「會中方針漸變，受偽詔之激刺，電召特派員還東。」[52]

　　像王璟芳那樣甘願做清朝順民的人，絕不會列名於一個革命團
體。七月五日大會上，他公然聲稱：「大清不可背負，政府不應亂
詆」，煽動退會。「演說者曰：『何故除名？』王曰：『不同宗旨故。』
演說者曰：『何以不同宗旨？』王曰：『本是拒俄，變為排滿，我所以
除名。』」[53]並於會後將意見書送交總監督汪大燮。此外，曹汝霖等政
府派學生也為該會捐了款。這些都說明，在此之前，軍國民教育會不
是一個反清革命組織。而秦毓鎏等人的意見書並未得到多數會員的贊
同肯定，相反導致了組織的分裂以至於瓦解，因此不能作為判斷組織
屬性的依據。該會由一份修改宗旨的意見書而解體的事實，恰好證明
其性質不是革命。馮自由誤判的關鍵，就在於將提出意見書的目的由
修改宗旨當成發起立會。所以，整體而言，東京軍國民教育會始終沒
有從愛國團體轉變成革命團體。

　　然而，問題並不僅此而已。在確定軍國民教育會愛國的基本屬性
的同時，不能否認在其內部存在著大量的革命因素，因而又帶有較強
的革命色彩。

52　《中國滅亡小史》，《復報》，第10期，1907年6月15日。
53　《嶺東日報》，1903年8月21日。

　　早在十九世紀末，為數不多的留日學生中已經有一些人與孫中山建立了聯繫。在自立軍起義失敗的刺激下，又有一批留日學生逐漸擺脫保皇派的影響束縛，走上革命道路。一九〇一年，秦力山等人創辦了《國民報》，還擬組織國民會，成為留日學界革命團體萌芽的先兆。一九〇二年四月，章太炎、秦力山等人發起「亡國紀念會」，對留日學生有所觸動。是年六月的成城學校入學事件，使留日學生大受刺激，革命情緒逐漸蔓延。與此同時，國內學界風潮漸興，許多懷抱民主思想反清意向的退學生東渡尋求救國之道，他們宣稱：「我輩到東，非為學而來，為我國民而來也。」[54]因此「孜孜焉求其革命之起點，維新之初步」，[55]「取彼之長，補我之短，庶幾將來可以獨立於競爭最烈之大舞臺也。」[56]他們與原有的激進分子相結合，於是年冬成立了革命團體青年會，推動留日學界的革命化。一九〇三年舊曆新正初二的排滿演說，反映了留日學界革命情緒高漲的情形。

　　青年會成員在軍國民教育會中起了重要作用。拒俄義勇隊成立前，葉瀾與秦毓鎏商議準備「藉此題目結一大團體，以灌輸民族主義」[57]。青年會員多以為然，後來有十一位會員加入了軍國民教育會。[58]其中葉瀾任職員長兼書記，張肇桐任會計，周宏業、王嘉榘、謝曉石任經理，秦毓鎏、蒯壽樞、董鴻禕任執法，占十三位職員的三分之二。幾次大會的臨時議長亦由青年會員擔任。以後發起改變宗旨意見書的十

54　《劉雲龍》，《湖北學生界》第4期，1903年4月27日。

55　陸規亮：《譯〈日本維新之活歷史〉序》，《政藝通報》，壬寅第20期，1902年11月30日。

56　《東京留學生趙君世與曾君鵬雲書》，《蘇報》，1903年5月26日。

57　馮自由：《革命逸史》，初集，第104頁。葉瀾，浙江錢塘人，葉瀚胞弟。

58　當時青年會一部分會員已先期回國或因故離日，如張繼、潘贊化、陳由己、馮自由；有些雖在東京，但未加入軍國民教育會，如汪榮寶、鈕瑗、蔣方震；個別人則因害怕革命而脫會，如金邦平。這樣青年會實際上已告解體。

五人中，有九人是青年會員。此外，黃軫、陳天華、劉成禺、李書城、楊毓麟、龔寶銓、林獬、陳去病、黎勇錫、伍嘉傑、李錫青、桂廷纓、區金均、盧牟泰、朱少穆、許壽裳、周維楨、尹援一、俞大純、胡濬濟、薩君陸、貝鏞禮、貝均、陳定保、王孝縝、餘德元、張崧雲、費善機、趙世瑄、劉鍾和、屈德澤、陳芙昌、施傳盛、鈕永建、翁浩、鄭憲成等三十六人具有比較明確的革命傾向。由於這些占會員總數近四分之一的革命分子的存在，使軍國民教育會的活動不時閃現出革命的光芒。

　　還在商議組織學生軍的大會上，葉瀾就高聲發問：「吾軍此舉為國民乎？為滿洲乎？」鈕永建應道：「為國民！」[59]全體與會者鼓掌贊同。軍國民教育會的徽章，正面鎸黃帝像，背面由秦毓鎏手書「帝作五兵，揮斥百族，時惟我祖，我膺是服。」[60]反清傾向相當明顯。對於會中的革命分子來說，向清政府請願只是一種手段，「特派員一事原出於萬不得已，而非好為運動政府也。」當聽說上海方面對特派員演說表示不滿時，他們還特意去信解釋，聲明：「宗旨本同，所異在手段方法耳。」「本會以吳（稚暉）、蔡（元培）兩公既為政府所深忌，則本會諸人亦同一轍。若與彼昏辯論，不但無益，而反觸其忌。惟有堅韌不撓，始終與彼相持耳。」[61]並指示運動員向各地同志解釋清楚。所以，秦毓鎏等人在改變宗旨意見書中說：「特欲達目的，不可不用手段，故先時章程中措詞含渾，未將民族二字大書特書以揭明宗旨。」[62]

59　馮自由：《革命逸史》初集，第110頁。

60　《軍國民教育會記事》，《楊天石、王學莊編：《拒俄運動：1901-1905》，第111頁。

61　1903年6月6日《葉瀾致費善機函》，《楊天石、王學莊編：《拒俄運動：1901-1905》，第114-115頁。

62　馮自由：《革命逸史》初集，第110頁。

對於這種手段與宗旨間的微妙關係，會員中特別是職員中的革命分子心裡「固已昭然」[63]，但不等於說軍國民教育會是以愛國為名的秘密革命組織。革命分子在會內的活動是有限度的，即無論公開還是秘密，都不能把排滿革命作為全會的宗旨和口號，也不能以組織名義為掩護，從事革命活動。這是與中國教育會的重要異點。留日學生雖然大都是熱血青年，富於民主意識，能夠擁護或贊成排滿革命，但要他們把革命的思想情緒變成實際的反清活動，甚至公開加入一個革命團體，就絕非易事。他們絕大多數生長於官紳家庭，「湖北如饒應祺中丞之子，湖南如魏光燾制軍之子若婿，安徽如馬玉昆軍門之子，廣東如許應騤制軍之孫，此其尤著者也。此外如二三品大員子弟甚多，不勝枚舉。」[64]思想上受正統觀念影響，精神上受宗法禮教束縛，政治上受專制制度桎梏，經濟上則須仰仗與官府家庭，要他們義無反顧地舉旗造反，需要一個痛苦的磨練過程。青年會成立時，就因為「揭櫫民族主義，留學界中贊成者極為少數，欲圖擴張，至為不易。」[65]

拒俄運動興起，不僅清政府驚恐萬狀，迫不及待地進行壓制，留學生家庭也唯恐其子弟沾染革命風氣，「湖北派往日本遊學各大員子弟現均急召回國。」[66]兩江總督魏光燾則派道臺陶森甲赴東，強迫江蘇官僚子弟歸國。有一位義勇隊員簽名入隊後，「其家得悉，益復驚惶，因飛書促歸。」一到家「即經其妻挾往母家，禁錮一室，不令出門一步。」[67]為此，會中的革命分子堅持合法鬥爭，是可以理解的。

---

63 1903年6月6日《葉瀾致費善機函》，《楊天石、王學莊編：《拒俄運動：1901-1905》，第114頁。

64 《浙江潮》，第7期，1903年9月11日。

65 馮自由：《革命逸史》，初集，第104頁。

66 《電告歸期》，《蘇報》，1903年7月7日。

67 《有妻室之遊學生聽者看者》，《國民日日報彙編》，第4集，黑暗世界，筆記類，第55頁。

只有在合法途徑盡被塞絕時，他們才能打出革命旗號，以免作繭自縛，削弱自身力量。

反帝救亡的拒俄運動吸引了一切愛國知識分子，使他們在救亡的旗幟下暫時聯合起來。然而，這並不能從根本上消除彼此的分歧與矛盾，聯合體內部充滿了錯綜複雜的磨擦鬥爭。軍國民教育會主要由三股力量組成，一是以青年會員為代表的革命分子，約占會員總數的四分之一，他們不僅是軍國民教育會的骨幹，擔任職員、運動員之責，在會中起主導作用，而且許多人還負責編輯各省同鄉會所辦刊物或擔任同鄉會職員，在留日學界的社會活動中影響很大。二是充滿愛國熱情的青年學生，他們人數眾多，是軍國民教育會的基礎。義勇隊成立時，「迫於俄警，以故有志者熱力百倍，一時成軍，而欲入而不敢入者尚多。其後章程既出，有『服從政府之下』一條，而願意簽名者遂以百數計。」[68]其中一部分人隨著形勢的發展走上了革命道路，而相當多的人則不敢或不願表態反清革命。三是以王璟芳為代表的擁清保皇派，他們為數不多，政見明確，社會活動頻繁，在留學界具有一定能量，在職員中占有幾個席位，如王璟芳任經理，林長民任書記，蹇念益任會計。[69]拒俄運動高漲之際，他們積極參與，但政治上堅決反對革命，挾清廷專制餘威，不惜分裂組織，以見好於官府朝廷。三股力量聯合中既相互影響又彼此鬥爭，中間派的傾向隨著左右兩派勢力的消長及形勢的變化而擺動。

相對而言，第一、三派對社會政治活動較為熱衷，中間派則比較情緒化，起伏波動。由於革命分子集中精力擴展拒俄運動的聲勢，忽視了組織內部的影響爭取工作，結果，隨著激進派陸續歸國，對中間

68　《時事要聞》，《嶺東日報》，1903年8月21日。

69　會計一職原舉黃軫，因黃自認運動員，遂舉蹇念益代之。

派的控制力大為削弱，而擁清分子的影響相應增長。七月五日大會上，對王璟芳反對改變宗旨的意見「鼓掌贊成者不知其數」[70]，引起退會潮。不過，中間派的態度比較複雜，他們附和擁清派，主要是畏禍，而不贊成其投靠清廷的變節行為。王後來由端方舉薦，被清廷賞賜舉人，留日學生對他鳴鼓而攻，《國民日日報》「所收罵王小宋（璟芳）之雜文小詩，幾乎日日有之。」[71]「學生謂其獻媚官場，為學生羞，有欲得而甘心之意。」[72]由此可見，革命分子的失誤，對軍國民教育會的解體負有一定責任。如果處理得當，憑革命派的實力影響，應當能夠控制局面，避免瓦解的厄運。

---

70 《時事要聞》，《嶺東日報》，1903年8月21日。

71 章士釗：《疏〈黃帝魂〉》，中國人民政治協商會議全國委員會文史資料研究委員會編：《辛亥革命回憶錄》，第1集，第275頁。

72 《紀留學生》，《中國日報》，轉引自《嶺東日報》，1903年9月22日。關於王璟芳賜舉的原因，各報所記不一。1903年9月21日《政藝通報》第二年癸卯第16號所錄上諭稱：由端方保奏，王「孝忠守正，請破格獎勵。」《大公報》稱：「系因沈藎之死，南方人心浮動，故特請優賞一人，以安人心。」《中國日報》稱：「中國留日學生因湖北學生王璟芳行事有汙軍國民教育會名譽，為眾所逐。王被逐後大斥民族主義，屢與舊日同志反對，又巴結官場。湖廣總督端方以其翻然改變面目，乃奏請給與舉人，以示獎勵。王得此賞，遂以誇示同人，非常炫耀。」（轉引自《嶺東日報》，1903年9月22日）1903年9月21日《嶺東日報》報導最詳：「茲悉外務部某君接某君函云：因端午橋奉在京某大員之命，禁《湖北學生界》出版，特調該報館主筆等四人回鄂，而四人中僅王一人捨身回里。初晤端時，尚嚴究報務之事。王詳說並無非理不道之議論。端諾之，又問及在日本聯隊一事，答以原為拒俄起見，若身居文明之邦，尚無愛國思想，居內地者更不堪問矣。端當時送客無他。聞其於次日即往拜某領事，詢留學東洋之學生其聯隊一事有無叛逆之舉動。某領事笑謂：『貴國之前途，其在留學生乎？如謂聯隊即是叛逆，是禁錮個人之愛國心也。我初聞貴國學生之舉動，頗為貴國賀。今聞閣下之言，不禁為貴國前途悲。』端窘於詞，遂歸，反覆思之，只有仍派王生赴東為是。次日又傳見王，令其仍回東洋留學，勉以萬不可行非理不道之事，及倡論平權自由之謬說。王唯唯而退。及至王赴東已久，端又憶及此事辦理太潦草，不合官場，電商在京某大員如何辦理。某員覆電云：『切實保舉，以安其心』八字。此王得舉人之歷史也。」

　　與此有關的，還有一個暗殺團的問題。該組織是在軍國民教育會解散後，由一部分決心從事反清革命的會員建立的秘密團體。前此，軍國民教育會並未實行暗殺。如果會內密設暗殺團，擔任職員的擁清分子不會毫不知情。而且，據稱是暗殺團骨幹的楊毓麟、黃軫等人離日歸國時，軍國民教育會尚未提出改變宗旨，他們返國之初仍按原定計劃進行公開活動。《蘇報》案後，楊毓麟等人回到東京，這時軍國民教育會卻已經瓦解了。所以，暗殺團不是軍國民教育會的附屬組織，它與後者有淵源而非從屬關係。

　　由於軍國民教育會本身的革命色彩和後來暗殺團的活動，加上清政府指其「名為拒俄，實則革命」，當時海內外紛紛傳聞該會主張革命排滿；而且許多會員後來成為著名的革命黨人，他們在建立革命團體時，往往把軍國民教育會視為前驅。正是這種複雜的情況，使得許多記載甚至會員自己的回憶也稱之為革命團體。

　　上海軍國民教育會的情況有所不同，其主要成員是中國教育會的激烈派和愛國學社學生，一般都具有民主革命思想。與東京明顯有別的是，上海各派愛國力量聯合的組織形式是國民公會，因而軍國民教育會中不存在政派之爭，只有革命派內部的分歧矛盾。早在立會之初，上海方面就主張「發起由拒俄，結局直與普世界外族異種戰死而止。」[73]隱約表達了排滿革命觀念。對於東京軍國民教育會的上層運動路線，則明確提出批評，反對向清廷請願。對於袁世凱之類的漢族官僚，也有比較清醒的認識。由愛國學社學生負責的《蘇報》，從六月一日起在新任主筆章士釗的主持下大加改良，鼓吹排滿革命，筆調十分激烈。愛國學社脫離教育會後，《蘇報》完全歸其編輯，更是「日日倡言革命」[74]，號召國民「乘是而流一點萬世不磨之鮮血，造一個

73　《致東京軍國民教育會頌詞》，《湖北學生界》，第5期，1905年3月27日。
74　蔣維喬：《鷦居日記》，癸卯閏五月二十九日。

完全美備之政體，蕩清胡氛，強我種類。」[75]可見，上海軍國民教育會實際上是一個以愛國名義出現的革命團體。當然，它與直接從事武力反清的組織又有所不同，其主要活動是鼓吹宣傳排滿革命思想。

四　影響與分化

軍國民教育會雖然不是革命組織，但在辛亥革命史上占有重要地位。它促進了國內各地拒俄運動的興起發展，使這場愛國運動迅速波及全國，掀起高潮；它推動了近代知識分子的革命化，促成一批革命小團體的建立，為同盟會的成立準備了骨幹；它把革命火種撒向內地，使反清革命之火迅速蔓延燃燒。不少會員成為重要的革命領導人、宣傳家，在辛亥革命乃至此後的鬥爭中發揮了重大作用。有些會員歸國後，雖然沒有直接從事武力反清，但在興學、辦報、結會、演講等方面各盡其能，啟迪民智，開通風氣，以思想啟蒙為革命開闢通道。

東京軍國民教會成立後，留學界和國內各進步報刊爭相報導，各地學生和進步人士聞風響應，除上海外，福建、湖南、浙江、江西、安徽等地均有議編義勇隊之舉。軍國民教育會不僅派遣運動員歸國聯絡各地學堂熱心志士，不少會員還公開致書本省父老同胞，鼓動他們支持和參加運動。儘管該會不久就解散了，但影響已經擴展開來，甚至浙江沿海一座小小的黃岩縣城，愛國知識分子也「均有軍國民之目的」，「齊用操衣，當大路而唱軍歌，日日操於大校場。以文弱書生而當兵卒，乃黃岩自有生以來所未見者。」[76]軍國民雄風吹過，廣大愛

---

75 無名氏：《雜感》，《蘇報》，1903年6月11日。

76 《黃岩學界》，《蘇報》，1903年6月17日。

國知識分子精神煥發，他們競相表示：「當此國家危急之秋，而仍不知有當兵之義者，直可謂無腦筋也。」「不能為完全之軍國民，亦當為普通之軍國民。」[77]社會風氣為之一變。

軍國民教育會解散後，革命分子轉而從事反清活動。他們創辦報刊，撰寫宣傳小冊子，傳播排滿革命思想。其中突出的有章士釗、何梅士、陳去病、蘇子谷、柳棄疾等人創辦的《國民日日報》，鼓吹革命，不遺餘力，時人有「《蘇報》第二」之稱，甚至認為「此報勝於《蘇報》」。[78]林獬、林宗素等人主辦的《中國白話報》，以通俗形式向下層群眾宣傳革命。陳去病主編的《二十世紀大舞臺》，「以改革惡俗，開通民智，提倡民族主義，喚起國家思想」[79]為宗旨。蔡元培、汪德淵、章士釗、林獬、貝壽同等人主辦的《俄事警聞》和《警鐘日報》，更是風靡一時，隱執國內進步輿論的牛耳。此外，還有辛漢、嚴智崇等人在東京發刊《白話報》，劉成禺受孫中山之聘，任《大同日報》主筆。在其他宣傳品方面，則有陳天華的《警世鐘》、《猛回頭》，章士釗的《孫逸仙》、《沈藎》，黃興等人的《血淚書》，敖嘉熊的《新山歌》，陳去病的《清秘史》、《陸沉叢書》，蘇子谷譯的《慘世界》等，影響頗大。還編輯出版了大量啟蒙宣傳書籍。上海出版革命書刊最多的東大陸圖書局和國學社，其編輯中章士釗、陳去病、劉季平、柳棄疾、敖嘉熊等原來都是軍國民教育會會員。

集會演說，是啟蒙宣傳的又一重要形式。不少會員奔走於各地，向青年學生和下層民眾演說排滿革命和民主平權。一九○三年十二月，章士釗在南京北極閣向各學堂學生數百人發表革命演說。張崧雲歸國後，在廣東南海、順德一帶鄉里「排日演說，所到之處，鄉民皆

---

77 《無錫俟實學堂衝突之忠告》，《蘇報》，1903年6月9日。

78 《新開〈國民日日報〉》，《嶺東日報》，1903年8月20日。

79 《〈二十世紀大舞臺叢報〉招股啟並簡章》，《二十世紀大舞臺》，第2期，1904年11月。

極歡迎。」「在沙頭社學演說時，到聽者幾及千人，座中多有泣下者。翌日鄉中農民復請演說，感泣如初。」[80]顧次英、穆湘瑤等在南匯舉行演說，「由新場而周浦而大團而川沙，每會上下流社會環而聽之輒數百人。炎風烈日中，流汗駭喘，無斁也。」[81]王雋基在浙江海鹽所開演說會，「實為海鹽第一次之演說也。」[82]敖嘉熊也在嘉興舉辦演說會。

上海愛國學社學生於假期返里時即到處集會演說，倡言革命，使地方官驚呼：「再不嚴行密拿，恐唐才常事將復見於今日矣！」[83]學社解散後，其成員分散到各地，四處鼓吹，使清政府防不勝防，長江中下游一帶官吏惶惶不可終日，連遠在西南的四川及其鄰近各省也「於防範上海愛國會黨持共和主義入川運動者，甚形騷擾。」[84]由於清政府和地方頑固勢力的壓制排擠，這些活動難以持久，但已將民主與專制的衝突由沿海都市引向內地中小城鎮以至鄉村，觸動了基層宗法社會。

軍國民教育會員在興辦學堂、普及教育方面的努力，既起到傳播民主意識和科學新知的作用，也有助於聚集和培養革命人才。由黃興、蘇子谷、翁浩、陳介、秦毓鎏、謝曉石等人任教的長沙明德、經正、修業、實業等校，劉鍾和、秦毓鎏、費善機等人創辦的麗澤書院，林礪任教的同里自治學社，以及陳由己所在的安徽公學，都成為聚集革命力量的基地。先後任教於國內的會員還有盧牟泰、王嘉榘、董鴻禕、胡景伊、華鴻、鈕永建、程家檉、周維楨、顧次英、王雋基、蔡文森、顧樹屏、方聲洞、方聲濤、周道剛、徐孝剛、王孝縝、

---

80 《祝演說之前途》，《警鐘日報》，1904年8月23日。

81 《南匯縣黨獄始末記》《江蘇》，第5期，1903年8月23日。

82 《海鹽演說會撮影》，《浙江潮》，第7期，1903年9月11日。

83 《密拿新黨連志》，《蘇報》，1903年7月4日。

84 《黨獄事件》，《國民日日報彙編》，第1集，警聞，第39頁。

陸規亮、劉景烈、劉景沂、屈德澤、李書城等，他們任教的學校有普通、高等、軍事、農業、師範等門類，分布於廣東、廣西、四川、直隸、江蘇、福建、浙江、安徽、湖北、湖南、雲南、江西等十幾個省份和北京。在他們的影響下，不少青年學生接受革命思想，走上反清道路。

　　軍國民教育會員還與各地革命分子或進步人士相結合，組織了一批愛國革命團體。東京軍國民教育會運動員黃興、楊毓麟、俞大純、程家檉、余德元、陳天華等率先發動革命。軍國民教育會解散後，具有革命思想的會員紛紛回國，「企圖軍事進行」。[85]上海會員也有一些潛返故里，從事反清革命。所以，當有人譏笑嘲諷該會虎頭蛇尾之時，了解其中內幕的《江蘇》、《俄事警聞》雜誌不約而同地發表文章，指出：「夫革命而昌言於道，演說於市，報告於冊，簽名於籍，攝影於片，唯恐人之不速曉，乃國民未有經驗，亦其中過渡之一階級。至於實行之頃，有不得不用秘密之運動者矣。」[86]「凡勢力固恒存者，或見焉，或潛焉，不得以皮相。不見水雷乎，煉鋼注藥，配機引線，非不鑠然耀耳目也。及其安置妥貼，則索然無所睹。然而敵艦既觸，轟然一擊，則當者皆齏粉矣。」[87]

　　他們建立或參與的革命小團體有黃興、陳天華、秦毓鎏、葉瀾、翁鞏、章士釗、蘇之谷的華興會，龔寶銓、蔡元培、王嘉榘、董鴻禕、許壽裳、敖嘉熊的光復會，屈德澤、餘德元、黃立猷、李書城、周維楨的武昌花園山機關，陳由己的岳王會，薩端、林獬、林宗素參加的福建學生會，楊毓麟、龔寶銓的暗殺團，敖嘉熊的溫臺處會館，辛漢、嚴智崇等人的東京演說會。他們參加或創建的愛國進步團體則

85　馮自由：《革命逸史》，第5集，第61頁。
86　壯遊：《國民新靈魂》，《江蘇》，第3期，1903年6月25日。
87　《告義勇隊》，《俄事警聞》，1903年12月21日。

有葉瀾的東亞談話會，蔡元培、汪德淵、章士釗、林獬、貝壽同的對俄同志會（後改名爭存會），蒯壽樞、諸翔、徐家瑞的中國工業研究會，蔡文森、華鴻、顧樹屏的無錫理化學研究會，王雋基的海鹽演說會，顧次英的南匯新場講學會等。

在同盟會籌備會上，原軍國民教育會員入盟者有黃興、陳天華、程家檉、黎勇錫、朱少穆、王孝縝、高兆奎等七人，此後陸續加入者有蒯壽樞、龔國元、蔡元培、楊毓麟、黃立猷、李書城、林宗素、區金均、蘇子谷、鈕永建、湯槱、陳去病。陳之驥、柳亞盧、劉成禺、董鴻禕、方聲洞、方聲濤、周維楨、章行嚴、章陶嚴等，加入歐洲同盟會的則有胡錚。因此有人說：軍國民教育會「為同盟會之成立，奠定思想及組織上之牢固基礎。」[88]

隨著鬥爭的深入發展，知識分子隊伍往往發生分化，有的消極沉淪，棄陣落伍，有的逆流而動，走向反面，有的則激流勇進，一往無前。軍國民教育會員後來的走向，正是這種分化的典型表現。東京方面的二百〇八名會員中，走上革命道路有跡可尋者共五十九人，占百分之二十八，[89]其中有的是著名的政治領袖，有的成為出色的宣傳家，有的統兵作戰，衝鋒陷陣。武昌起義後，不少人在各地革命政權機構中任職，對建立與鞏固新生的共和國起了重要作用。在長期鬥爭

88 李自重：《從興中會至辛亥革命的憶述》，中國人民政協廣東省委員會文史資料研究會編：《廣東辛亥革命史料》，廣州，廣東新華書店，1962年版，第209頁。

89 即黎勇錫、伍嘉傑、李錫青、桂廷鑾、區金鈞、盧牟泰、翁浩、鄭憲成、劉成禺、陳芙昌、王嘉榘、程家檉、董鴻禕、秦毓鎏、蘇子谷、高兆奎、謝曉石、陳定保、薩端、貝鏞禮、葉瀾、陳秉忠、張肇桐、李書城、楊毓麟、鈕永建、陳天華、朱少穆、黃軫、許壽裳、龔寶銓、周宏業、周維楨、林獬、林宗素、陳去病、俞大純、顧次英、黃立猷、方聲洞、方聲濤、王雋基、湯槱、薩君陸、陳介、王孝縝、余德元、林肇民、夏斌、徐秀鈞、張崧雲、費善機、蒯壽樞、華鴻、劉景烈、劉鐘和、胡錚、陳之驥、屈德澤。

中，陳天華、楊毓麟、方聲洞、周維楨、程家檉、徐秀鈞等英勇捐軀，為中國的共和革命事業獻身。

也有一些人走上另外的道路，成為立憲派分子，比較著名的有貴州的戴念益和福建的林長民。他們曾分別擔任軍國民教育會的會計、經理。武昌起義後，林長民做為福建代表赴寧參加各省代表會議，革命黨人「以林素反對革命，今來投機，恐與吾黨以不利，故欲除之。」[90]派人實行暗殺。還有個別人雖曾積極革命，卻不能守恆，在名利權勢的競逐中倒退變節。如四川的胡景伊，原是青年會員，參與發起改變軍國民教育會宗旨意見書，回國後相繼在廣西、雲南、四川等地新軍及軍事學堂中任要職，辛亥後一度出任重慶鎮撫府總長。作為民社四川支部負責人，他反對宋教仁的國民黨。袁世凱篡權後，他又不惜賣身投靠，以換取四川督軍的寶座。護國戰爭爆發，他更與討袁軍對抗，徹底背叛了革命初衷。更有甚者，有人後來成了漢奸國賊，由救亡志士淪落為民族罪人。

一九〇三至一九〇四年間，國內以新知識分子為主體組建的各類社團多達數百，不僅分布於各大都市，而且深入縣城鄉鎮。其中除華興會、光復會等少數幾個主張並實行了武力革命外，多數以辦報、演說、興學為主要活動。有些團體帶有革命色彩，甚至名稱也給人以革命的印象，如江蘇的民族自治會，而基本傾向並非革命；有的在宣傳上種族革命氣息極為濃烈，卻沒有從事武力反清，如埭溪蔡綠農等人組建的幾個小團體；有的成員多為革命分子，但組織的中心活動還是愛國救亡，如對俄同志會和爭存會；也有的表面看來不是革命，實際上暗中準備武裝起義，如武昌的科學補習所。軍國民教育會集中體現了這些團體的許多共同特徵，突出地展示了最能反映二十世紀初葉中

90 居正：《代表赴寧·林長民遇刺》，居正著：《梅川日記》，上海，大東書局，1933年。

國社會變化的新知識界的政治動向。與革命派相比,他們行動上還有差距,但思想和發展趨勢則同革命派的共鳴與日俱增。其追求民主,愛國救亡,革新變政的活動,是起義暗殺外衝擊清朝專制統治的又一要素。清王朝正是在這兩股力量的合力衝擊下土崩瓦解的。存在於他們之中的政治傾向以及思想與行動差距的極端複雜性,使任何簡單的兩極派屬判斷難以得當合體。歷史本身的豐富生動,遠比一般概念更能顯示過程與結局間既紊合又矛盾的魅力。

第八章
二十世紀初國內新知識界社團概論

　　戊戌時期，在維新派的宣導下，中國出現了幾十個學會組織，產生了廣泛的社會影響。政變發生後，這些學會大都陷於停頓。[1]在清廷厲行黨禁的高壓之下，除秘密結社外，社團難以立足存身並展開活動。一九〇一年，清政府復行新政，對維新事業的各種禁令大都不宣而廢。短短幾年間，各地以新知識界進步人士為主體的社團紛紛建立，對於後來的立憲和地方自治團體以及各種紳商組織的湧現具有推動示範作用。不過，由於幾個著名革命小團體的出現吸引了人們的注意力，後來的立憲團體又聲勢顯赫，二十世紀初葉，特別是一九〇一至一九〇四年組建的各種會社組織不易受到應有的重視。探討這些社團承上啟下的聯繫與影響，可以深入觀測新知識階層的地位動向與功能作用，以及這一勢力的出現所引起的士紳官民關係調適重構的社會變動。此外，在陷入黨爭傾軋前，這些社團也更能體現近代中國知識人的性格風範，從而令後人在更加超越的位置上透視他們的身份與使命。

一　類型分布與社會探源

　　張玉法先生在《清季的立憲團體》一書中，對清末十年間的各種社團進行了統計並列表說明，共輯得國內各地及海外各埠的社團六百

1　李文海：《戊戌維新運動時期的學會組織》，胡繩武主編：《戊戌維新運動史論集》，長沙，湖南人民出版社，1983年版。

六十八個，其中1900-1904年間成立的僅37個（含日本、美國等地的華僑、留學生及流亡者的組織）。這與實際數字相差較大。據考，清末僅商會（含總會和分會）就有900餘個。[2]到1909年，各地共建成教育會723個，而上一年僅為506個，發展很快，並且仍在加速。例如江蘇1909年有教育會55個，3年後增加到115個，翻了一翻。[3]農學會到1911年至少有總會19處，分會276處。[4]僅此三項相加，已達二千有餘，大大超過張玉法先生的統計數。

　　一九○六年清廷宣布仿行憲政，使前此已相繼取得合法地位的各種社團得到根本大法的書面保障，這無疑刺激了以紳商為主體的社團組織活動的興盛，上述商會、教育會、農會等大都組建於此後。但是，戊戌維新派的宣傳與組織活動，以及此後開明士紳的民間結黨自救傾向，也是推動新式社團大量湧現的重要動因。變法失敗後，外有保皇會對華僑的動員組織，內有正氣會、中國議會對士紳的吸引聚合，戊戌學會的精神命脈得以維繫。清廷恢復新政後，士紳的結社活動由秘密走向公開，類型也由單一的政治組織發展為多樣化的功能團體。據《蘇報》、《國民日日報》、《俄事警聞》、《中外日報》、《大公報》、《警鐘日報》、《申報》、《嶺東日報》、《彙報》、以及《東方雜誌》、《新世界學報》、《大陸報》、《選報》等幾十種報刊雜誌的報導，一九○一至一九○四年間，江蘇（含江寧）、浙江、廣東、福建、江西、湖北、湖南、安徽、山東、直隸、河南、奉天、四川、雲南、廣西等省和上海，先後建立各種新式社團二百七十一個（不含分會）。

2　徐鼎新：《舊中國商會溯源》，《中國社會經濟史研究》，1983年第1期；王笛：《關於清末商會統計的商榷》，《中國近代經濟史研究資料》，第7輯。

3　Bastid: Educational Reform in Early 20th-century China, p63.

4　朱英：《辛亥革命時期新式商人社團研究》，北京，中國人民大學出版社，1991年版，第253頁。

由於上述各報大都創辦於上海，內地省份的信息不暢，因而這一統計遠非完整，但大體可以反映當時國內各地新式社團蓬勃興起的景象，並為具體分析提供必要的論據。

從不同視角觀測，可以進一步了解這些社團組織的基本情況。首先是社團的區域分布，詳如下表：

1901-1904年新式社團分布表

省份	江蘇	浙江	上海	福建	廣東	江西	湖北	湖南	安徽	直隸	四川	東北	河南	山東	貴州	廣西	雲南	山西
數目	77	51	42	20	18	10	9	8	8	8	6	5	4	4	3	1	1	1

即使考慮到統計缺漏等因素，這一分布也與當時各地的社會發展狀況以及趨新勢力的活躍程度相吻合。江浙一帶，不僅經濟文化較為發達，與外部聯繫緊密，而且戊戌以來各省不少開明趨新人士彙聚往來於上海，一直試圖以各種形式建立和保持組織聯繫。從強學會、正氣會、中國議會，到後來的中國教育會、國民總會、對俄同志會、爭存會，宗旨方針因時而異，人員組成卻有一脈相承的繼替關係，一些骨幹成員往往在前後相繼的幾個團體中扮演主要角色。如葉瀚先後任正氣會幹事長、中國議會書記、中國教育會溫和派領袖。

這些團體雖然多數集中在省會和其他大中城市，但在一些發達地區，也開始向府州縣鎮等基層社會延伸擴展。如早期民辦教育會系統，不僅在上海、杭州、蘇州、南昌、福州、成都、濟南、廣州、保定等城市設立總會，在各府州縣也設立了不少分會。湖北不纏足會成立後，很快發展出分會二十餘所。有些基層地方還獨立組建了社團，如金華、紹興、贛州、湖州、九江、常州等地的教育會，就是由當地人士發起，結合本籍旅外人士組成，開始與省垣的教育會沒有統屬關

係。在一些開明進步人士聚集的鄉鎮,如江蘇的同里、黎里、震澤、陳墓、浙江的埭溪、廣東的西洋堡等地,均組建了若干不同類型的社團。上列二百七十一個社團中,一百二十七個設於各大都市,州縣以下六十二個,其餘則設在中小城市。

其次,從功能上區分,其中教育會21個,不纏足會34個,演說會25個,體育會17個,學生會26個,愛國團體17個,科學研究會18個,文學、戲曲、寫真等藝術團體16個,婦女團體16個,實業團體17個,衛生及風俗改良組織8個,師範研究會5個,宗教性社會團體1個,其餘為混合型,幾乎涉及各個領域。

各種新式社團組織的大量湧現,顯示出中國正在經歷社會關係重新分化組合的大變動。這一過程包括兩個相互作用的重要方面,其一,隨著社會分工的細分化,各種社會群體的分界日益明顯,小群體意識普遍增強。人們認識到不同群體有不同的利益要求,因而覺得有必要以團體形式更好地表達和維護共同的利益意願。在社會公眾生活中,不僅讓其他群體更充分地了解和考慮本群體的態度要求,而且使本群體在公眾代表中占有一席之地。如杭州「各學堂學生以工商社會皆有會館公所,以為集合團體之地,惟士社會散漫無紀」,因而創設全浙學生會館。[5]其二,由不同群體分化出來的趨新分子希望按照新的組織形式相互聯繫聚合,以增強自身能量,提高社會地位,擴大社會影響,在地方和國家事務中扮演更為重要的角色。社團組織作為新的社會聯繫紐帶,逐漸取代已經部分斷裂破碎的血緣、地緣等舊式紐帶。

與此相應,新式社團的產生,直接受兩種社會趨勢的推動,一是開明士紳與青年學生的結合,二是都市與城鎮趨新勢力的凝聚。兩種趨勢往往交錯互滲。

5　《警鐘日報》,1904年6月12日。

　　近代中國新知識群的形成，最初明顯受西學東漸的影響。與此關係最密切的，一是由士紳集團中分離出來從事文教新聞事業的開明人士，二是國內新式學堂（包括國人自辦與教會學堂）及留學運動培養的青年學生。中國的士林歷來有所謂異端，只是在西學到來之前，他們的言行得不到映證與支撐，僅表現為個別現象，難以形成氣候。隨著西學的傳播，這些對既有制度深懷不滿的離異者開始探求新的路徑，富強的西方成為他們學習仿效的楷模，以及映證自身行為合理合法化的依據，這一最抽象的共識構成其群體意識的基核。戊戌之際，先進人士利用傳統紳權在皇權與民權間的協調制約關係，鼓動士紳起而要求變法。庚子以後，學生群體逐漸擴大，政治獨立性日益增強，開明士紳與學生的結合，既擴大了前者與基層社會的聯繫，也增強了後者的趨向性。由於沿海與內地、都市與鄉鎮之間存在社會發展的梯次差距，在新學以及趨新事業的發展方面，形成以上海為軸心，以各大都市為樞紐的輻射網。這種格局對於社團組建具有明顯的制約影響作用。

　　新式社團的成員主要是開明士紳和青年學生，除各自單獨組成的團體，如學生會、教育會外，多數社團由雙方聯合共建。開明士紳在其中起著主導作用，是精神領袖和財政支柱，而青年學生則是行動隊。

　　開明士紳與學生的結合，呈現三種形式，一是學生已形成主體意識，甚至獨立開展了社會活動，建立了自己的社團，然後與開明進步人士對等結合。拒俄運動中，福州東文學堂學生「得海外社會來函，憤激時事，相與設演說、體育等會，復集內地同志數十人」[6]，聯合社會進步人士的幾個小團體，共同組成海濱公會。[7]此後，福州學界

6　《福州東文學堂學生退校及入校事件》，《國民日日報》，1903年8月8日。

7　福州一學生：《福州學界之蠹》，《國民日日報》，1903年8月14日。

與各界開明人士的團體一直保持密切關係，在歷次愛國民主運動中，多次聯合集會，建立協調機構，統一布署行動。[8]上海中國教育會與南洋公學退學生的結合更為典型，愛國學社社員大都加入了中國教育會。二是開明士紳以興辦教育來聚集和培養青年學生，並在其社團內附設學生組織，形成領導從屬關係。如吳江同里教育研究支部附設青年會，專收十至十六歲的學生，「以開發青年智識，養成獨立之精神及發表其愛國心為主」，「敎群講學，其庶幾廓清學究之餘毒，以為二十世紀之新人物」，藉以改變鄉村社會千百年來舊式教育下「朝為美少年，夕暮成醜老」[9]的惡性循環。三是學生以個人名義加入進步人士組織的各種新式社團，這也是最為普遍的形式。

沿海與內地、都市與鄉鎮間新知識群的結合，具有雙向互動作用。中國城鄉人口流動性較大，士紳的相當部分來往於城鄉社會，除致仕作官外，不少人兼營商業、辦學教書或是入幕為吏。他們既是城市的要角，又是鄉間的名流。二十世紀初，由於基層社會開通之士較少，雖有除舊布新的願望，而苦於勢單力薄，無法與頑固勢力抗衡對壘，不得不求助於聚居大都市的本籍人士。而後者有志於輸入文明進化風氣，也主動扶助家鄉的革新事業。許多成立於上海及各省垣的團體，都有總部分會的計劃，準備向內地府縣乃至鄉鎮大幅度擴展。這就有力地推動了城鄉趨新勢力的結合，使分散的社會力量逐漸凝聚為統一的整體。

這一排列組合的變化，大大增強了趨新勢力的能量。紹興教育會的籌建典型地反映了這樣的結合。「初府中人士之有志者冀於府中建設公眾學堂，以不集眾力不足以成事，乃於府中組織一會，籌辦其

8　《福建挽回路權要聞》，《警鐘日報》，1904年11月15日。

9　《吳江縣同里鎮教育研究支部附設之青年會敘》，《蘇報》，1903年3月21日。

事。今春之交，議有端緒矣，然力之不厚，非所以終其事，且非所以振動全郡也。以滬上為人士薈萃之區，乃公舉何君豫材至滬議此事，由蔡君鶴廎邀集同人設會於徐園。」「乃眾議速設紹府教育會於滬上。」[10]紹籍旅滬人士經元善、杜亞泉等五十餘人參與其事。蔡元培在演說中表示：「吾輩責任，莫大於高紹興人之人格而使無為世界上了無關係之人。」「上海全國交通之轂輻也，內之可以輸進文化，外之可以聯絡聲氣，非於此設一教育會以媒介之尤不可。且上海者，歐化輸入之第一步，無論士商□必多見聞，工比例，視內地各省為開通者也。」[11]

　　蔣維喬的經歷則從個人角度反映了同一趨向。他在常州時，即聯合同人，組織修學社，又開辦體育傳習所、藏書閣，大開演說會。加入中國教育會後，到上海愛國學社任教，並與嚴練如、謝仁冰等進入樂歌講習會學習。暑假來臨之際，「會中諸同志各抒其意見，謀所以不負此暑假者，有欲歸而興學堂，有欲歸而興演說。」蔣與嚴、謝等商議，回里開辦音樂研究會、體育會、演說會。[12]在他們的帶動下，其他放假歸來的學生志士也舉辦音樂會、體育會，高唱愛國歌曲，提倡尚武精神。[13]先此，屠敬山等人曾在常州舉辦過演說會，因善於演講者少，未能打開局面。後經假期回鄉諸志士的帶領指導，有了很大起色。「諸志士各赴學堂後，其居留里中辦教育者仍於每星期開會演說，照常體操。」[14]一些地方社團的組建，就是因為外出就學求知者增多。如南翔鎮「夙稱繁盛，比年學風大開，負笈四方者漸多」。據

10 杜士珍：《論滬上建設紹興教育會事》，《新世界學報》，第11期，1903年2月27日。

11 《蔡君民友演說紹興教育會之關係》，《蘇報》，1903年3月12日。

12 《論音樂之關係》，《女子世界》，第8期，1904年8月11日。

13 《警鐘日報》，1905年1月16日。

14 《論常州武陽兩縣令之荒謬》，《蘇報》，1903年5月20日。

統計，「出外求學者不下三四十人，近鄉一帶，罕有倫比。」[15]新人多了，便產生結社需求，「同志因組織一會，藉以養成公德，交換新知，爰名之曰南翔學會。」[16]

在城鄉趨新勢力合流的推動下，不僅上海等大都市同時活躍著多種新式社團，一些中小城鎮也出現若干團體並存的景象。常熟到一九〇三年先後設立過開智會、教育會支部、明理會、體育會、通學會、師範講習會，以及體操會、音樂會等。[17]松江有幼童會、書報會各二處，體操會三處，還有化學研究會、音樂講習會、師範講習會等。[18]溫州里安有體育會六、七處，另有學生會、演說會。[19]廣東西洋堡則有教育會、學會、演說會、閱報會、女學會。[20]這樣，以組織形式為溝通管道和依託，地方上分散的進步開明人士聚合起來，構成都市趨新勢力延伸的支點，以及文明進化風氣的收放樞紐，從而使新興勢力的能動力不僅作用於都市和上層社會，更對廣大基層社會發生持續衝擊和影響。由變化著的基層社會內部產生出自下而上的變革驅動，改變了革新事業自上而下單向運行的被動局面。

組織聚合所產生的能量擴增，對於那些趨新因素比較薄弱的社會群體效果更為明顯。當時中國女界尚處蒙昧狀態之中，都市中具有新思想的人也為數不多，通過組織女學會，分布全城的女界新人得以聚集起來，開展活動，發表獨立見解，引起社會對於女權初興的關注。一九〇二年福州女學會成立，到會女士十餘人，聽講者六十餘人。[21]

---

15 《南翔學生來函》，《警鐘日報》，1904年7月14日。

16 《南翔學會章程》，《警鐘日報》，1904年7月16日。

17 《常昭調查一斑》，《江蘇》，第11、12期合刊，1904年5月15日。

18 《學界匯聞》，《警鐘日報》，1904年8月14日。

19 《國民日日報》，1903年9月24、27日。

20 《設女學會》，《女子世界》，第8期，1904年8月11日。

21 《記女學會》，《中外日報》，1902年3月7日。

上海女學會首批會員二十人，「多兼通中西文字，博學有志，欲振興
女學，為中國洗數千年女學暗黑之弊。」[22]兩年後，張竹君在滬創設
女子興學保險會和衛生講習會，即有會員六十人。[23]廣州女學會成立
時，「五羊士女起而附和者數十人」[24]，不少男士也前來祝賀聽講。

在基層社會，有時一地開明人士力量不足，除求助於都市同仁
外，還與鄰近地方的同類社團進行聯絡，爭取支持聲援。同時，在一
定的組織形式下，會員定期開會，舉辦各種活動，交換新知，相互砥
礪，提高了思想與行動能力。在一些社團活動較發達的地方，還出現
了團體聯合的趨勢。如福州的開智會、益聞社、崇實會共組海濱公
會，江蘇教育會無錫支部聯合了講習會、調查會、學生會、自治會、
文藝會、運動會等多個團體。[25]

二　宗旨與活動

二十世紀初葉的新式社團雖然成員功能各異，活動重心不一，但
卻有著共同的動機意願與總體目標，即以「開智」、「合群」[26]為兩大
主義，顯示出社會變動已將趨新勢力的利害一致性反映到他們的主觀
意識中去並形成明確的宗旨。

所謂開智，即傳播新知，開通風氣，啟迪民智，進化民德。一九
〇三年福州益聞社週年紀念慶典時，來賓的贈聯表達了這一願望：
「集全地球言論思想，益心學界智慧見聞。」「中外採見聞輟讀寧無

---

22 《選報》，第20期，1902年6月26日。

23 《記衛生講習會》，《警鐘日報》，1904年5月23日。

24 《女學立會》，《彙報》，第416號，1902年10月1日。

25 《江蘇教育會無錫支部章程》，《警鐘日報》，1904年8月6日。

26 《鎮江講學社緣起》，《彙報》，第426號，1902年11月5日。

經世志，賓朋羅雜沓縱談同具感時心。」「開震旦普通風氣，鼓文明進化潮流。」[27]其中又各有側重，有的主要以青少年學子為對象，積極培育新人；有的則「以灌輸文明思想，開通下等社會為目的」[28]，面向廣大民眾；有的更進而要求全面改造國民性，認為中國「一則曰老成，再則曰持重，以釀成腐敗之世界」，主張由樸實、勞動著手，養成尚武銳進精神，[29]努力破除纏足、吸毒、賭博、風水迷信、納妾及不良生活習慣等惡習陋俗。

為實現開智宗旨，新式社團廣泛展開如下活動：

一、興學育才，發展新式教育。社團的組織者認為：「世界當二十世紀之初，由兵戰商戰之時代，一變而為學戰之時代。生於此時，立於此國，入於此社會，人人為造就人才之人，即人人負造就人才之責。」[30]「彼學堂者，持教育之一部分而為全部發達之中心點，然則進化之理不明，合群之礎不立，國家之觀念不起，權利之思想不達，其影響至於民族萎縮，國勢頹敗，而教育首當其衝。」[31]不僅專門的教育會大力推進學堂教育，其他社團也往往以辦學為要務。除發展國內新式學堂教育外，天津、上海、成都、揚州等地還成立了負責推動留學運動的遊學會，依靠民間力量溝通海內外聯繫，為留學事業提供各種便利和幫助。

二、創辦報刊出版業，組建各種形式的閱書報機構，傳播文明信息。不少具有一定實力和規模的社團附設出版部，編發日報雜誌，開辦圖書局印書社，編輯出版各種西學新學著作，無力辦報出書者則開

---

27 《福州益聞社祝典》，《蘇報》，1903年5月4日。

28 《戲劇改良會開辦簡章》，《警鐘日報》，1904年8月7日。

29 金松岑：《同里教育支部體育會演說》，《蘇報》，1903年3月17日。

30 《揚州師範學會啟》，《蘇報》，1903年3月18日。

31 《教育會支部研究會序》，《蘇報》，1903年3月2日。

設圖書館、閱書報社所，購置各種新書報，供人借閱。據不完全統計，一九〇四年以前，江蘇、江西、廣東、福建、四川、湖北、浙江、山東、湖南、安徽、北京、河南、貴州等地建有閱覽書報機構一百十六處。[32]其中有的已頗具規模，如浙江溫州永邑書報公會，經過近兩年的經營，「計新舊書籍二萬餘卷，寒士艱於購書，逐日來閱者絡繹不絕，風氣開通，出洋留學日見其盛，該書會之功誠不鮮也。」[33]

　　三、集會演說。由於清末以近代標準測定的識字率很低，加上經濟條件所限，書報的直接影響面比較窄。為此，各團體都以演說作為重要補充手段，以「報章能激發識字之人，演說則能激發不識字之人，所以同志擬推廣演說。」[34]除專設演說會外，不少團體還附設演說機構。形式上也呈多樣化，有的固定場所時間，每次更換主題，或事先排定主講人，或臨時聘請過境名士，或由會員輪流演說，來賓及聽眾亦可即席登臺，自由發揮。衢州江山宣講會每月兩期，「臨會者頗不乏人。」[35]江西德育會「其演說有七日演說（逢禮拜日演說）、義務演說（偶有心得事關國政民業風俗即約集同志一為演說，抒其一片熱心血，逞其一刻好興會，無一定時日）、特別演說（或國家與地方有大事關係極重者，臨時開此會）之分別。」[36]有的則深入鄉鎮巡迴演講。浙江嵊縣的練習演說會，除間日聚會演說外，還擬「擴張各地之演說，以喚起國民思想，開通下流社會。」[37]濟南教育研究公所每

---

32 此數字係筆者據當時數十種報刊的零星報導統計。本章其他統計數凡未注明出處者同此。

33 《溫州之教育界》，《警鐘日報》，1904年8月17日。

34 《鶹居日記》，壬寅八月初九日。

35 《詳志江山演說會》，《東浙雜誌》，第4期，甲辰十二月。

36 《記德育會》，《警鐘日報》，1904年9月20日。

37 《練習演說會之發達》，《警鐘日報》，1904年11月9日。

月在本所演說一次,又計劃「多設演說場,以便廣開民智。」[38]有的更因時因地,隨處開講。衢州不纏足會會員余天民乘舉行訂婚儀式親友聚集之機,「極力演說不纏足之利。」[39]

為了加強效果,組織者或事先散布傳單,刊登演說要旨,以便於理解;或延請聲望較著的新學名士及歸國留學生作特別演說,以吸引聽眾。上海中國教育會會員便不僅定期在張園舉行演說會,而且經常應邀到各學堂演講。由於主講人能夠抓住時政熱點,傳達最新信息,而且聲情並茂,引人入勝,因而聽眾每每多達數百。

四、開展體育和軍事訓練,強健體魄,洗刷文弱之風。中國重文輕武的風尚與近代國際社會鬥狠爭雄的氛圍不相協調。在軍國民主義的鼓蕩下,士群吹起尚武好勇之風,教育宗旨相應提倡德智體並重。社團也注重體育,或附設體育部,或專立體育會,進行體操和軍事訓練。一九○三年夏,休假回鄉的武備陸師學生僅在溫州里安城一地就開辦了六、七處體育會,培訓同鄉青年。[40]

五、借用戲劇、音樂、幻燈等形式傳播近代意識,改良舊俗。上海、廣州、紹興等地的戲曲改良會,上海、常熟等地的樂歌講習會、音樂研究會,湖北、鎮江等地的活動寫真社,都利用新形式或改造舊形式,向民眾傳播新氣息,鼓動移風易俗。有人評價道:「種種科學發達之精神,尚武激昂之志氣,將於唱歌一科中係之,唱歌誠吾國學業方針之指引哉。」[41]以音樂輔助演說,對下層民眾宣傳時效果更佳,「且有下等社會及婦人孺子亦攜手而來,其視演說,則以為說書也,其視風琴,則猶說書者之絃索也,故雖盛暑,皆眉開眼笑,聞聲

---

38 《教育研究所之月會》,《警鐘日報》,1904年6月28日。

39 《志士新婚之演說》,《警鐘日報》,1904年12月21日。

40 《記體育會》,《國民日日報》,1903年8月14日。

41 初我:《記常熟公立校發起音樂科事》,《女子世界》,第8期,1904年8月11日。

低徊勿去，蓋聲音之感人深矣。」[42]大大增強了啟蒙宣傳的影響。

六、開展調查，興辦實業。一些規模較大的團體下設調查、實業等部門，訪查當地物產經濟和社會人文狀況，興利除弊，發展實業。不過，由於缺少資金和人才，多數團體的實業計劃只能限於出版業，很少舉辦工商業成功的例子。而且，一些組織雖然名義上將興辦實業作為長遠目標，實際上只是為了開闢財源，解決經費困難，以支撐組織的活動，並未真正致力於實業開發。這種情況也反映出這些新式社團的成員主要是從事非實利性新事業，缺乏經營工商業的經驗與意向。

七、開辦綜合科學館或專門研究會，以引進和發展近代科學。福建、廣東、湖北、安徽、江蘇、浙江等地，不僅出現綜合普及型的科學研究會，還開辦了地學、醫學、農學、蠶學、理化、算學、化學等專門學會，其中不少成為中國近代科學研究機構的開先河者，培養湧現了一批著名的科學家。

新知識界社團的第二大宗旨是提倡合群。近代中國積弱於民心離散，民力不堅，民權不振，欲救國難，必須從合群開始，這成為進步知識界的普遍共識。合群有不同的類型和層次，一是利益群體自身的聚合，如學生、婦女、教員、報人等，共同的利害關係使他們意識到彼此為同類群體中的一分子。上海女子興學保險會認為女子之險狀，「半由於男子之壓制，半由於女子之放棄」，根源在於女子「不知學」、「不能群」，因而「以提倡女學，激發患難相救之情，合力實行為宗旨」，「痛洗從前腐敗渙散之習。」[43]決心「聯合海內諸女士為一大群，取數千年之惡習掃除而更張之。」[44]任教於湖南的外省籍教員

42　《論音樂之關係》，《女子世界》，第8期，1904年8月11日。

43　《女子興學保險會章程》，《警鐘日報》，1904年4月25日。

44　張竹君：《女子興學保險會序》，《警鐘日報》，1904年4月24日。

組織旅湘俱樂部,「其宗旨專為聯絡情誼,交換智識。」[45]上海環球中國學生會更「以聯絡環球各處學生聲氣為目的。」[46]上海南市商學會的宗旨則為「合商群,講商學,抵制外力,挽回利權。」[47]會員在演說中批評商界中人面對洋商競爭,「不曉得聯合團體,共圖抵制,只曉得各謀私利,因此行情不能劃一,往往有互相傾軋的毛病。」[48]呼籲改變內耗局面,聯合起來,一致對外。

地緣紐帶的轉型,是又一類型與層次的合群表現。具體有兩種形式,一、客居異鄉的同籍人士彼此加強聯繫,形成群體,結為組織,如各地的同鄉會、上海的福建學生會、紹興教育會等。有些非地緣性社團,由於受到同人的擁戴,也成為本籍人士聚會的核心。如上海的國民叢書社,不僅被旅滬鄂人公認為聯絡中樞,而且成為他們與原籍進步知識界及海外鄂人聯繫的中介。二、本地進步人士互相結合,以合群謀求地方自治。他們以「改良教育、發達人才為宗旨,提倡國民獨立之精神,結集合群之誄力,推演進化高尚之思想」,「目的在文明普及,務使學界男女青年各具完全國民之資格,將來地方自治、國民同盟起點於是,亦無不可。」[49]這兩類社團往往互為聲援。一些旅外同鄉社團,除加強維繫當地同鄉間的互助關係外,主要還是推動原籍的地方自治,以組織形式對原籍社會發展的重大事務施加影響。

一九〇三年五月無錫在滬同人組成新無錫會,就標明「以聯絡無錫人士,為新無錫之基礎。」[50]該會發起人認為,歐美法制社會的中樞是憲法,「而憲法之成立,必以地方自治為起點。苟一國之人有一

---

45 《阻止俱樂部集會演說》,《警鐘日報》,1904年11月16日。

46 《滬江煙景》,《彙報》,第8年第48號,1905年7月26日。

47 《白話道人附記》,《中國白話報》,第9期,1904年4月16日。

48 滬南商學會會員演述:《經商要言》,《中國白話報》,第9期,1904年4月16日。

49 《教育會支部研究會序》,《蘇報》,1903年5月20日。

50 《童子世界》,第31號,1903年5月27日。

不知地方自治之義務，即不能享憲法之權利，且不足當立憲國民之資格。然則無論一國，即舉一國分解之一地方，其民不知盡憲法上之義務與享憲法上之權利者，即不得謂之真自治。」[51]因而規定：「以改良學界，革新社會，造就國民之資格，組織地方自治之基礎為宗旨。」[52]由此可見，這些新式社團的地緣性並非依附血緣紐帶的家族宗族機制，而是共同社會政治追求的載體。所以有些區域性新式社團即在舊式組織如會館公所之外成立，表明組織者已經認識到舊式組織不能適應社會變化的需求。如設於上海的紹興教育會，開例會的地點就在穿心街浙紹公所。[53]按照蔡元培的看法：「夫教育者，非徒一二學堂之謂，若演說，若書報，若統計，若改革風俗，若創立議會，皆教育之所範圍也。」[54]而立會的目的，就是要向紹興輸入文明進化，提高紹興同胞的人格。會館公所主要是依據地緣行業紐帶維繫與控制同籍同業人的利益，關注重心在當地。新式社團則更多地關注和推動原籍社會的變化發展。前者以社會關係的親疏為尺度，後者則以思想傾向的離合為準繩。

　　國家民族觀的昇華，是合群的最高體現。小群體及地方性社團的建立，一方面反映了中國社會的多元狀態，另一方面，群體意識又是在近代民族國家觀念的刺激下生長發育，「自小群以成大群」[55]，局部合群成為走向近代民族國家的一個階段，在將國家主體由皇權轉移到民權的同時，既打破了狹隘地方主義的局限，又解脫了傳統社稷觀的桎梏。一九〇二年蔣維喬在常州聚集同志，結合團體，便「以邑民同

51　《新無錫會之緣起》，《蘇報》，1903年7月2日。

52　《新無錫會章程》，《蘇報》，1903年5月28日。

53　《紹興教育會》，《蘇報》，1903年5月20日。

54　《蔡君民友演說紹興教育會之關係》，《蘇報》，1903年3月12日。

55　《天津青年會緣起》，《大公報》，1902年7月5日。

盟為國民同盟之基礎。」[56]許多地域功能團體都將目標對準全國,如中國教育會、博愛館等計劃「置本部於上海,設支部於各區要之地。」[57]天津遊學會準備「置本部於天津,擬逐漸推廣,設支部於各省各埠。」[58]鄒容倡議組建中國學生同盟會,更以海內外全體學生為對象,「各省各設總部,各府縣各設分部」,「其目的在於學界成一絕大法團體,以鏖戰於中國前途競爭逼拶之中者也。」[59]

福建學生會的組建,一方面凝聚本籍趨新人士,另一方面則希望對國家的革新事業發揮更大作用。其發起人認為:「年來福建人在上海的在漢口的在南京的很多,有的在學堂裡讀書,有的在各處鐵道局辦工程,有的在各處電報局管理電報,有的在南北洋海軍操練駕駛,大家沒有個總機關,很覺得十分不便。」因而聚議道:福建人在做文章、演說、以及開明人士數量方面都賽外省不過,「但是,我們這少數的明白國事諸君,若肯個個發憤,實力實心,辦起事來,倒比他們力量大些。」只要發揮福建人在工程路礦、電報、海軍等事業中的優勢,「有了這幾件權力,還怕不能製造出一個新中國麼。」「倘使能夠聯合個大團體,慢慢的研究中國前途,把下手辦事的方針拿得穩定」,加上閩人在美洲、南洋的商力,便可揚長避短,「將來隨便籌一二千兆辦事,也是易如反掌的。」[60]

如果說上述團體還是以某一特定群體成員為對象,那麼還有一些組織則試圖超越群體或階層的範圍。中國通學會確定宗旨為:「對內則開通學識,研究名理,對外則擴張運動,抵禦外敵,組織一鞏固秩

---

56 《鶡居日記》,壬寅十二月除夕。

57 《中國教育會章程》,《選報》,第21期,1902年7月5日。

58 《遊學會章程擬稿》,《蘇報》,1903年3月19日。

59 《論中國學生同盟會之發起》,《蘇報》,1903年5月31日。

60 《文明介紹》,《中國白話報》,第8期,1904年3月31日。

序之社會，養成我高尚國民之資格。」[61]民族自治會「始焉以研究自治之法律為發源，中焉以艕成自治之基礎為著手，終焉以實行此自治之憲法為結果，大抵以個人之自治積及而望成一國之自治。」計劃「合同志四五十人先在滬瀆設立首會，以後由會中諸人各在本鄉設立分會，先盡其自治之職於鄉里，而後施及他邦。」[62]一九〇三年拒俄運動中成立於上海的四民總會，「欲合農工士商全國之民共為一大團體也。」[63]隨即又改名為國民總會，從近代民主意識中找到了共同的徽號，使長期分離隔絕的四民首次聚集在國民的統一旗幟下。

　　受近代國家民族觀的浸染和大都市社團全國性意向的影響，許多地方小團體雖然帶有明顯的地域色彩，其成員卻不以畛域自囿。拒俄抗法運動中，常熟教學同盟會與開智會聯合召開會議，舉行演說，準備訂立共和憲章，集體加入上海國民總會，並聲明：「若會員有不願入四民總會者，即請出會，勿污染吾同盟之潔玉。」[64]當有人別有用心地說：法兵在廣西不在常熟，即使在常熟，憑諸君之力亦不能抵抗時，立即被斥為同胞之公敵，而反駁者的發言博得滿堂掌聲。

三　兩大特徵

　　與戊戌學會及預備立憲以後的社團相比，這一時期的社團有兩個顯著特徵，一是民間性質，很少官方色彩；二是其成員以新知識界為主體，士多紳少，而且紳也主要是與文教新聞事業有關之人，商或與商、官關係密切的紳較少介入。

61　《中國通學會章程》，《政藝通報》，癸卯第13號，1903年8月7日。

62　《孫君子殖來函》，《蘇報》，1903年7月7日。

63　《海上熱力史》，《蘇報》，1903年5月6日。

64　《常熟敎學同盟會與開智會共和特別演說》，《蘇報》，1903年6月8日。

　　清代鑒於明末士林結社干預朝政，造成政局動盪，黨爭激烈，因而嚴禁集會結社。順治九年、十七年，曾兩度下令，規定：「諸生不許糾黨多人，立盟結社，把持官府，武斷鄉曲。」並制定出嚴懲重罰律例，「以後再有這等的事，各該學臣即行革黜參奏。如學臣隱徇，事發一體治罪。」[65]此後士林中只有以文會友聚合，遠離時政。戊戌維新運動中，維新派衝破禁令，在各地舉辦了幾十個學會，但他們提出興紳權以伸民權的口號，依靠官紳的政治影響，與清中葉後地方士紳勢力抬頭的趨勢相吻合。不久，政變發生，清廷再度明令嚴禁黨會，大興黨獄。庚子勤王失敗，黨獄再起。

　　辛丑以後，清廷雖然恢復新政，卻未開放黨禁。一九〇四年，商會獲得合法地位。此後，紳商的立憲及地方自治團體大量組建，迫使清廷於一九〇九年制定結社集會律，承認其合法性，但對學界結會仍予禁止。紳或紳商大量介入社團組織活動，既反映了自身實力的增長，又與當朝執政態度政策的張弛密切相關。而一九〇一至一九〇四年間出現的新式社團，並未得到官方許可，而是趁清政府的社會控制相對鬆動之機，頑強地自我生長，爭取生存和發展空間。

　　由以士為主的開明士紳和學生組成的社團，與得到官方承認或鼓勵，以紳商或紳為主體的社團在許多方面存在差異。首先，前者側重於自由平等的理想追求，而後者側重於實際利益與權力的爭奪控制。因此前者以輸入文明、培育國民為主要目標，大都從事教育宣傳活動，很少介入權力競爭。後者則試圖通過結社達到分享權力的目的，不僅繼續保持對基層社會權力的壟斷，而且借興民權之名擴張紳權，

---

65 轉引自張玉法：《清季的立憲團體》，臺北，中央研究院近代史研究所，1971年版，第149-150頁。另外參見蕭公權：*Rural China: Imperial Control in the Nineteeth Century*, p242. Edward J.M. Roads: *China's Republican Revolution: the Case of Kwang*, 1895-1913, p24.

參與地方乃至中央政權。

其次，前者努力成為全體國民的代表，較少群體私見，後者則首先表達和維護本群體的意願，甚至不惜犧牲其他群體的利益以實現其目標。前者反對皇權官權，爭取民權，對上要求民主，對下代表民意，社團內部也實行民主制。後者則對上分權，對下集權，擔心實行普遍民權反而會威脅其既得利益。內部組織受派系個人力量均勢的制約，但權力來源更多地決定於地位、聲望、財富及社交等因素，並非組織成員意見的向背，因而權力分配只是派別與個人權力資源強弱多少的反映。

再次，前者明顯具有對抗官府離異朝廷的意向，後者則與官府朝廷保持既相互依存又明爭暗鬥的關係。前一類團體聲稱：「中國之不振，由於民族之不能自治，民族之不能自治，由於歷代伯天下者之陰謀澳此自治體質於無形，夫善後可以操縱自如，逞其私欲，所謂莫餘毒也。已降至今，吾民人幾不識自治。」[66]矛頭直指官府朝廷。即使商學會，也敢於冒犯時忌。有人在演講中指出：「外國商人是能夠獨力不受政府的管束，政府要辦事籌款，都要柔聲下氣的共商家商量，平時沒事時候，還要盡力保護。」而中國則戰敗賠款向商人搜刮，「委員私肥是一份，差役勒索又是一份，稍稍不如意，就說我們抗捐，小則縛赴公庭，大則撥兵剿洗，哈哈！這也算是大清皇帝陛下的深仁厚澤了。我們商人試捫捫心頭，這種世界，你還不想合群獨力，脫去許多專制，跳出十八重地獄。」[67]不合法狀態使這些小團體隨時可能遭到破壞取締，而衝突又進一步刺激了其成員與官府的對抗情緒。使之在反對頑固官紳的同時，不能不考慮對待朝廷官府的態度立

66　《孫君子殖來函》，《蘇報》，1903年7月7日。
67　滬南商學會會員演述：《經商要言》，《中國白話報》，第9期，1904年4月16日。

場。兩類社團的差異，表明近代中國的士與紳，或投身文教事業的士
紳與從事其他利權事業的士紳（或紳商）在發展趨向上有所不同。

以新知識界為主的社團的重要特徵之一，是內部普遍實行民主原
則與程序，具體表現為：一、明確規定會員地位一律平等，享有承擔
同樣的權利義務與責任，「會員皆可干涉會內事務」，「會長會員均平等
相待」[68]，「無厚薄高下之別。」[69]有的社團公開標明章程為「共和」，
「內界則期交換智識，發明新理，養成獨立不羈之人格，外界則期互
相聯絡，擴張群勢，組織運動自由之團體。」[70]二、職員由會員以無
記名、記名和舉手等方式選舉產生，多數取決，任期較短，一般為半
年至一年，有的還規定連任次數。規模較小的組織多為直接選舉，成
員較多者，則實行間接選舉，即由會員選舉職員，由職員推舉職員長
以及決定內部分工。三、按照三權分立原則建立組織機構，設有評
議、幹事、糾儀（監察）各部，相互監督制衡。四、一般會務由評議
會公決，重大問題則須經全體會員大會討論表決，職員負責執行貫徹
決議，職員長的責任主要是協調而非領導。五、入會須由會員一至二
人介紹，履行一定的手續，並制定了嚴格的自治規則，規定會員必須
按照議會決議進行活動，「會員有個人之意見，只可提出於開會時會
議，不得於未經議決之事有單獨之動作。」還要繳納會費，遵守規
章，「如有不守會章或放棄責任或毀損全會名譽之事，曾經監察員規勸
而不從者，即於評議會提出決議除名。」[71]一些社團根據具體情況附有
特殊規定，如女學會要求會員入學讀書，不准纏足，婚嫁自主等。[72]

---

68 《兩浙女學會簡章》，《警鐘日報》，1904年8月25日。

69 《中國教育會章程》，《選報》，第21期，1902年7月5日。

70 《常州開智會共和憲章》，《蘇報》，1903年4月15日。

71 《中國教育會第一次修改章程草稿》，《蘇報》，1903年5月15日。

72 《兩浙女學會簡章》，《警鐘日報》，1904年8月25日。

　　儘管這一時期的新式社團存在結構鬆散，維持週期短等缺陷，但與戊戌學會相比，則顯得成熟定型。通觀戊戌各種學會章程，可見確屬新式社團的雛形。多數學會僅規定宗旨、應辦事業及若干特殊規則，如戒鴉片煙會禁食煙，不纏足會禁娶纏足女子等，而未提及組織原則、形式與機構設置、一般性紀律等，近乎志同道合者自願組合的聯誼會。有的明文規定：「本會尚平等之義，不立會長」，只是公舉1人管理「人物譜，功課冊。」[73]有的則為以文會友的翻版，如京師西學會每星期聚會一次，交流讀書心得，以「四小時為率，菜無過四簋，酒無過三行。」[74]未能體現組織紐帶的功能作用。

　　部分學會雖對組織形式有所規定，但帶有明顯的模仿痕跡，或仿效西方社團而不得要領，如有的以泰西教會、紅十字會為楷模，[75]不了解宗教慈善組織與社會政治結社的區別，或繼承中國傳統社會組織的名稱，辦事處取名公所廳，職員定名為總理、協理、分理、董事、司事、提調、坐辦、會辦等。除個別團體外，戊戌學會均未貫徹分權制衡的民主制組織原則，多數是由會員公舉一二人負責日常事務，而沒有常設機構。只有保國會組織比較完善，設有總理、值理、常議員、備議員、董事等，由常議員公議決策，總理負責實行，董事辦理日常會務。[76]至於一九〇五年以後的紳商社團，雖然表面規定符合近代結社原則，實際運作仍是個人實力取決，而且官府干預力較大。各種政派團體也存在權力過於集中的偏向。因此，可以說這一時期的新式社團比較直接地體現了新知識界的民主追求在組織嘗試方面的成敗得失。

73　《法律學會章程》，《湘學報》，第38冊，1898年5月30日。

74　《京師開西學會緣起》，《知新報》，第45冊，1898年3月3日。

75　《衡州任學會章程》，《知新報》，第56冊，1898年6月19日。

76　康有為：《保國會章程》，《國聞報》，1898年5月7日。

四　社會影響

　　新式社團促使城鄉趨新勢力結合，使基層社會的趨新勢力有了核心旗幟，打破了官紳民的恆定關係，在將近代文明氣息傳向基層社會的同時，迫使當地各界人士對新事物表明態度，從而推動社會分化組合加速進行。溫州里安演說會到一九〇三年九月已開常會十五次，特別會二次，議事會三次，研究會八次，「於社會頗有影響，然反對者亦頗多，約略分之，共有四派，一曰偽文明派，頗知演說會之有益，而因其非己所辦，極力□□□。二曰頑固派，詆演說會為離經叛道，八股時代無之也。三曰渾沌派，謂演說會為耶穌教。四曰無理論派，不知事實與言論之界限，視演說會為行政廳，地方興一事件，必作揭帖嘲弄演說會。」[77]這樣，基層社會成員之間的舊界標開始動搖，依據對新社團及其所辦各種事業的不同態度和反映，重新歸類分界。

　　新式社團的組建及其興利除弊活動，尤其對把持地方權力的紳董的地位以及頑固勢力的既得利益構成威脅，引發了進步與保守力量在基層社會的衝突。浙江衢州江山宣講會演說時，提出：「惟有廣設學堂，購閱各報」，才能自救，免遭東三省之慘禍，鼓動人們「向縣官爭回現有之學堂公款，毋任某某盤踞。」[78]黎里鎮演說會也因指責中國學堂腐敗而觸犯原書院董事山長。[79]新舊雙方為此展開激烈較量。當時「雖變法詔下，然村學究、鄉老儒猶不知何謂時事，何謂新政，遇辦學堂開報會事，群出阻力，動多掣肘。」[80]

---

77 《記演說會》，《國民日日報》，1903年9月27日。

78 《詳志江山演說會》，《東浙雜誌》，第4期，甲辰十二月。另據1904年12月11日《警鐘日報》報導，某某者為郭景翹。

79 《吳江演說會之阻力》，《蘇報》，1903年4月19日。

80 《鎮江講學社緣起》，《彙報》，第426號，1902年11月5日。

地方紳董控制著財政大權,「非茸闒無能為,即魚肉鄉里肥己,懦者惜名,富者惜財,語以賽會演劇,則慨解慳囊,語以興立學校,則去之若將浼焉。」「而無知之徒,或詆笑而排擠之。」[81]他們或者倚仗權勢,或者煽動愚民,以各種手段干擾破壞革新事業。鄞城教育會、同里演說會、常州演說會、新會外海閱報會、常州體育會、福州海濱公會、蘇州陳墓鎮體育會、黎里演說會等,均遭頑固勢力的反對。有的散布謠言,誣指演說會為「罵人會」[82],「甚有謂其下藥於茶,令人食之即迷信其宗教云。」[83]有的將「干涉主義告知各會員父兄,使其鈐制以施其壓力。」[84]有的乾脆利用權力,強行封閉會場,禁止借書院廟宇進行演說,並揚言:「書院是我所管轄,豈容他人來演說。」[85]地方官吏一則擔心權威動搖,二則害怕聚眾滋事,也不斷施加壓力。嘉興演說會、長沙旅湘俱樂部、贛學會、荊州圖書儀器館、無錫體育會、以及許多學生自治團體,均為官府以會黨謀叛、不符章程等罪名封禁破壞,不僅掠奪財物,而且名捕人員。無錫體育會成立時,當局竟指稱:「佯言衛生,實則操練兵法,以為將來革命之先聲。若不嚴行正法,恐將來為患匪淺」[86],下令密拿。

面對趨新勢力的結合呼應,同受衝擊的官紳也加緊勾結串通,共謀破壞。常州演說會大受社會歡迎,「而某紳者,素以頑固名識,演說會其必欲破壞之而後快,寓書於公學董事某,極力阻擾。公學總教華君若溪持某紳書示演說會會員,會員草一書復華君,痛駁某紳之說。紳計不售,乃騰播讕言,謂演說會會員皆係悖逆之士,且慫恿武

81　《海鹽演說會撮影》,《浙江潮》,第7期,1903年9月11日。

82　《吳江演說會之阻力》,《蘇報》,1903年4月19日。

83　《外海興學》,《選報》,第27期,1902年9月2日。

84　《陳墓墟演說會發達》,《警鐘日報》,1904年11月2日。

85　《吳江演說會之阻力》,《蘇報》,1903年4月19日。

86　《密拿新黨連志》,《蘇報》,1903年7月4日。

陽兩縣照會公學董事嚴禁。」[87]馬幼魚等在鄞郡辦教育會，當地新中舉人歷適豫、高振孝等威脅道：「開會演說，有干例禁，若不速行解散，我輩必將稟請當道如法拿究。」[88]河南鞏縣演說會「頗有風動一時之概」，縣令「遽以譌惑人心為詞，極力干涉。諸頑舊復相和，反對王、張。諸志士寡眾不敵，遂不得不漸行停止。」[89]

　　總的說來，由新式社團引入的革新事業在民眾一方的反應平和甚至積極，公開持反對立場的主要是地方惡勢力以及頑固官紳。而一般地方官吏和紳董，出於擔心權力旁落的憂慮，則予以縱容庇護。這與清政府通過地方紳權推行新政在基層社會引起的反響明顯有別。清政府實行新政，作為國家權力向基層延伸的重要一環，帶有強制性和掠奪性，掌握地方權力的官紳將由此增加的財政負擔轉嫁到民眾身上，使其已經苦不堪言的生活更加艱難，因而激起普遍反抗，毀學、抗稅、抵制戶籍調查的風潮層出不窮。而前此新式社團興辦的各項革新事業，內容相似，卻受到鄉村青年乃至一般民眾的歡迎。常州演說會假地武陽公學，「自正月初七日起至十三日止，每日來賓之就旁聽席者，動輒逾五百人以上。演說至慷慨悲憤之處，四座拍掌之聲如雷，方謂風氣漸開矣。」[90]這些「入席聽講者，上自士林，下至販夫走卒，每日有五六七百人，座為之不容。」[91]河南鞏縣演說會「一時旁聽二百餘人，聞瓜分滅種慘禍，有淚下者，於是宋寺灣、黃冶等村相繼演說。」[92]因而有人評價道：「演說者老朽頑固之仇敵，而青年學生

87　《紀常州演說會事》，《蘇報》，1903年3月23日。

88　《蘇報》，1903年5月20日。

89　《滿人干涉演說》，《警鐘日報》，1904年10月25日。

90　《紀常州演說會事》，《蘇報》，1903年3月23日。

91　《論常州武陽兩縣令之荒謬》，《蘇報》，1903年5月20日。

92　《滿人干涉演說》，《警鐘日報》，1904年10月25日。

之好友也。」[93]

　　不僅啟蒙宣傳如此，在改良風俗及舉辦各種興利事業時，以勸說示範為先導，以自願原則募捐籌款，民眾易於接受。以後清廷賦予地方紳董辦學、調查等特權，雖然減少了後者對新政的阻力，但紳董趁機掌握更多的地方權力，魚肉鄉里，加劇了官紳與民眾的矛盾。誠然，新式社團的革新活動側重於精神教育方面，所引起的實際利益的重新分配幅度較小，僅僅觸動了紳董權力資源的一部分，但這也表明民眾並非本能地抵制革新，反對新政不等於守舊，迫使他們起而反抗的主要原因，不是除舊布新的性質方向，而是由此造成對起碼的生存條件的侵害與威脅。

　　同樣，地方紳董對新政接納與否，也以利害關係為前提。由排斥反對進步人士的革新活動，到轉而積極參與朝廷主持的新政，均取決於自身利益的得失。他們擔心自下而上的革新引起既得利益的流失，卻試圖憑藉自上而下的變革侵蝕分享國家權力。清政府通過士紳推行新政，不能有效地起到近代化所必需的社會動員與社會組織作用，反而因後者濫用權力而普遍激化了社會矛盾，權力延伸的企圖蛻變為權力瓦解的契機。單純用新舊標準，很難測定各個社會群體在近代變革中的態度、位置與作用。辛亥革命之際，新知識界與舊士紳的分離對立傾向被反滿革命所掩蓋，雙方暫時成為同路人。民國以後，潛在的矛盾迅速上升激化，由開明人士轉型而來的自由知識分子和青年學生，與由士紳支撐的正統秩序始終無法諧和，只好再度競逐較量，以求實現民權。

　　上述分析，可以從浙江黃岩、江蘇南匯兩個典型個案中進一步得到映證。

---

93 《吳江演說會之阻力》，《蘇報》，1903年4月19日。

　　黃岩位於浙江沿海的台州灣，地處丘陵，交通不便。一九○三年一月，愛國學社一位邱姓同學由上海抵達黃岩，與當地諸同志「輿論天下大勢及在內地辦事方法，養精蓄銳。」先是，黃岩設有閱書報所，因經費不足，各同志遂「輪往各縉紳家勸捐。」「所捐不過百餘元，已極艱難，而蜚語中傷，在在不少。」至此，同志集議，在城西錦江橋文昌祠設立教育社為總會，「此為黃岩辦事之起點」，並草擬黃岩自治表，分教育、實業、軍事、交通、憲法、裁判、美術七部，設蒙學堂、女學堂、工藝學堂、閱書報所、演說會、議事會、不纏足會、翻譯社等。

　　「部署未定，阻力遽起。」文昌祠原為王、林、管、陳等姓出資修建，林某以該祠為其先祖所倡，出面刁難，訴請知縣即行封禁教育社。一月十四日，演說會首次開會，到聽者達三百人。講演者稱：「演說為求真理，真理之極，即孔子亦可背焉。而聞之者大嘩。」三月十三日第二次演說，聽講者百餘人，林某固請知縣治以妖言惑眾之罪。但教育社事先將蒙學堂開辦始末及章程稟呈。知縣沈錡「因上憲之敦促開學堂也，志在上詳以討好，又覘及教育社人眾而勢大，稍頷之，而勸同志勿演說焉。」蒙學堂開辦後，「聞風者陸續來學」，學生很快達到七十人。三月十三日，第三次演說會開會，林某四出散布謠言，「三塾師隨其後，一時眾口爍金，不堪入耳。」「首演邱吼神即至決裂，人或欲飽以老拳，因解散。」四月演說會被迫暫停。

　　四月下旬，學政案臨台州，當地士人群集。「同志知其可以開大舞臺也，乃辦臺學社焉。」五月四日、七日、十二日，在台州玉皇廟連續舉行演說會，由當地志士和歸國留學生演講「西人虐待之慘及瓜分之預備，瓜分後之情形」，「比較日本中國之長短及維新之宗旨」，「說明臺學社之關係於台州及世界上，且表外界風潮之盛，台州將無立足地焉。」然後宣讀臺學社章程，正式立會。到會聽講的生童達七

八百人，簽名入會者約二百餘人，「大半為黃岩人」。此後，黃岩教育社搗毀了文昌像，蒙學生在杭州大學堂退學生的鼓動下，不顧家庭反對，「削髮歸宗」，「割辮革命」。

　　拒俄抗法運動興起，教育社認為：「均為中國前途一大影響，同志既有國民分子之責任，焉能無所補救？」於是開演說特別會於城隍廟。此廟「為頑固老道之巢窟，一時單刀匹馬直入挑戰，真出人意料之外。渾沌派遂大書一揭貼曰：『廣西與臺屬相去數千里，即借法兵，與爾等有何關係。若有法兵入臺屬，試問爾等螻蟻何御之？』」教育社同人不畏攻訐，堅持演說，「皆謂事關大局，願告訴於我國民，請我國民輸財以爭之。一時諾諾，連聲讚助，聲聞數里。立輸電費者約墨銀三十餘元，即電告政府力爭權利云。雖然以石投大海，毫無影響已耳，而黃岩之風潮，遂如達於一百二十度之高潮，沸躍異常。外人見教育社員者，咸欲得而甘心，而前日之同列社員者，均有朝為朋友暮則讎仇之意。」於是同志「思欲以武裝為平和，乃倡為體育，齊用操衣，當大路而唱軍歌，日日操於大校場。以文弱書生而當兵卒，乃黃岩自有生以來所未見者，人皆以顛漢目而避之。」[94]知縣沈錡聽說該社在城隍廟開會，「欲拘禁諸生，幾開黨禍」，後以演說員為京師大學堂教習之弟，「乃止不問。」[95]

　　黃岩風潮革新保守雙方還算勢均力敵，江蘇南匯則由劣紳與官府勾結，大興黨獄。南匯位於上海近郊，該縣新場鎮設有講學會，逢星期日舉行演講。「開會之日，有素恃蒙館以為生者，有素稱八股名手者數輩，見會中人之舉辦，莫不驚心眩目。」在其阻撓破壞下，演說、體操兩部被迫暫停。不久，任南匯學堂教習的留日歸國學生顧次

94　《黃岩學界》，《蘇報》，1903年6月17日。該報導據邱君日記寫成。

95　《嗚呼黃岩學界公敵之縣令沈錡》，《蘇報》，1903年6月22日。

英在當地巡迴演講,「由新場而周浦而大團而川沙,每會上下流社會環而聽者輒數百人,炎風烈日中,流汗駭喘無斁也。」新場講學會員聆聽之後,邀請顧氏和川沙學堂總理黃炎培、龍門書院肄業生朱祥紱再來演講,並先期廣布傳單,「略謂今日中國危迫已極,瓜分之說,將見實行。我輩既同為中國人,自當共灑熱血,以救此最可愛之中國。」演說前一日,講學會員與黃炎培等前往永寧寺,揭露以左道惑人的西天門教師,與土棍黃德淵發生衝突。次日在城隍廟演說時,顧次英提議聯名公請除去邪教,學生遂將廟中所藏鬼甕打碎。黃德淵揚言:「汝曹曾見此等學生乎?從來無好事若此者。彼等今日干涉,明日干涉,將來不知鬧至如何地步,吾新場人衣食從此絕矣。且吾聞官場亦不喜此等學生,其為不安本分無疑也。」

當晚,黃以觸犯神怒為詞,鳴鑼聚眾,糾合邑中無賴三百餘人搗毀講學會,傷人掠物。「紳董自葉君外均佯為不知。蓋紳董本與會友不合,以既開學堂,必籌公費,而各項公款,均若輩所窟宅,身家妻子衣食關係之處,不得不拼命力爭。故自學會設後,嘖有煩言。德淵廉知實情,有恃無恐。紳董實陰借其力,藉此阻撓學會也。」黃炎培等聯名控告,南匯縣令戴運寅將黃德淵等拘捕。公堂之上,黃德淵指稱:「此輩聚眾演說,上不忠於君,下不敬乎長,又復褻瀆神明,驚動菩薩,打毀寺廟,創異說惑人,設甘辭誘人,以致上幹天譴,下動眾怒,故小人不敢不鳴鼓以攻。」戴即表示:「吾已洞知此輩之情矣。此輩皆革命黨,若詳奏上司,待有回文,彼為首者之頭即可斷矣。」[96]於是當堂釋放黃德淵,而命人將黃炎培、顧次英等四人逮捕。審訊之時,戴高聲咆哮:「你們講什麼學,你們謗毀皇上,謗毀皇太后,你們是革命黨,你們想造反。」並拿出南洋及水師營務處查

---

96 《新場講學會之歷史》,《國民日日報》,1903年9月25-29日。

拿留日學生和上海愛國學社革命黨的札飭，威逼恫嚇。在教會人士的干預下，黃炎培等僥倖脫身。而戴與黃德淵等捏造憑據，羅織罪名，「合邑風聲鶴唳，謠傳四起。學界諸君懼禍及，大半渡浦寓滬上，士類一空。」[97]革新勢力遭受重創。

上述典型事例表明：

一、文明變革先鋒主要是開明士人與青年學生，他們奉行西方近代思想家們宣導的理想社會原則，要求政治民主，經濟均衡，個人自由，社會平等。但他們的追求過於理想化，雖然博得民眾的普遍擁護，卻只能起到社會啟蒙作用。按照理想化模式建立起來的社團，代表了民主化的追求與趨向，引發了矛盾衝突，但很難承受激烈對抗所產生的政治及心理重壓。

二、地方紳董對革新變政的態度，隨他們在其中所處地位及所扮演角色的變化而改變。他們不願意新知識界的發展對自身利益構成衝擊挑戰，而企圖借新政來鞏固提高權力地位。

三、清王朝不乏變革圖存的動機，並為此作過努力，各級地方官也想借機表現或敷衍交差，卻害怕由此產生的各種必然後果，特別是民間進步勢力的興起導致其權威動搖，社會失控。頑固官紳趁機破壞干擾，令民間革新受阻，新政變質。

四、民眾較易接受由新知識界發動的理想化變革，而對朝廷官府相同趨向的變政，由於切身利益受到強行侵害，抵拒心理強烈。

由此可見，清末士紳商合流與分化的趨勢相互交錯，新知識群的社團反映了民權興起的趨勢，而地方紳董則更多地代表著清中葉以來紳權擴張的延續。真正能夠轉變到近代契約關係者為數不多。紳權擴張雖有削弱皇權、輔助民權的作用，但也存在與民權對立的一面。其

對上分權對下專制的機制，是造成割據的重要社會條件。在中國，社會組織在向民主轉型時，人們很難把握外來模式在權力來源與權力運作上民意與集中的關係，或保持民主方向而渙散無力，或有效運用權力而偏離民主軌道。新知識群與士紳矛盾的激化，成為民國以後社會衝突的焦點，最終導致一部分人與民眾結合，掀起自下而上，以摧毀紳權為目標的革命運動，另一些人則堅持由民意和信念相支撐的社會良心，與權力主宰的現實始終格格不入。

第九章
孫中山與國內知識界

　　同盟會成立前，孫中山與國內知識界的關係究竟如何，仍有待於進一步探討。國內外皆有學人認為這一時期孫中山對讀書人不予重視，而國內知識界則對孫中山缺乏了解，雙方沒有什麼聯繫。因此，孫中山只能算是廣東或珠江流域革命派的代表。有人甚至認為，同盟會成立前孫中山在革命運動中的地位，是一些孫派人物出於辛亥後政局變化以及國民黨內派系鬥爭的需要，有意抬高所造成，並非歷史真實。依據當時的資料，重新考察從戊戌到同盟會成立孫中山與國內知識分子的關係，有助於認識其歷史的真實形象和把握國內知識界的動向。從中可見，籠罩於歷史記載上的後人主觀因素重迭交錯，單純懷疑無非在近代史領域重走古史辨的套路，要具了解之同情實非易事。

一　倚重讀書人

　　同盟會成立前，孫中山怎樣看待讀書人，是判斷他與國內知識界的關係首先應當澄清的問題。不少人根據朱和中的《歐洲同盟會紀實》，認為直到一九〇四年底，孫中山仍對讀書人抱著輕視的態度。朱和中的回憶說：「總理問我輩主張革命，其進行方法如何。我以更換新軍腦筋，開通士子知識為言。總理不以為然，謂秀才不能造反，軍隊不能革命。」雙方反覆爭論三日夜，最後朱和中表示：「革命黨者最高之理論，會黨無知識分子，豈能作為骨幹？先生歷次革命所以

不成功者，正以知識分子未贊成耳。」「必大多數知識分子均能贊成我輩，則事半功倍矣。」終於使孫中山改變了態度。但事隔不久，孫中山因盟書被竊，又遷怒於全體留歐學生，說：「我早知讀書人不能革命，不敵會黨。」[1]照此看來，孫中山對讀書人是疑忌重重，不予重視。事實果真如此，在此之前孫中山當然不會主動爭取知識界，也就不可能從積極意義上考慮雙方的關係了。

但是，參照其他資料，朱和中的回憶似不足以全面反映孫中山對知識界的態度。首先，孫中山自己就是一位讀書人，在檀香山、香港等地受過系統的西式教育，又努力學習中國文史，一生酷愛書籍。在其早期的幾篇著述中，已經把教育和讀書人與國家的興衰存亡直接聯繫起來考察。他認為，中國「不識丁者十有七八，婦女識字者百中無一，」因而「雖多置鐵甲，廣購軍裝，亦莫能強也！」主張廣設學校，「使天下無不學之人，無不學之地。」他批評時人徒羨歐美諸國多善政，強調泰西國強民富的根本原因，在於「其國多士人」[2]。這種認識後來體現到興中會的組織原則中去。該會章程規定：本會幹部必須是「品學兼優，才能通達者」[3]。其領導者和骨幹主要是知識人。像楊衢雲等人的輔仁文社，本來就是一個新學人士的組織。特別是史堅如這樣出身正途的少年英俊投身革命，令日本人士群相推重，給孫中山留下深刻印象。他與朱和中等人爭論時，即「列述史堅如、陸皓東諸人之學問以證之。」

1　中國人民政治協商會議全國委員會文史資料研究委員會編：《辛亥革命回憶錄》第6集，第5-12頁。

2　《農功》，廣東省社會科學院歷史研究室、中國社會科學院近代史研究所中華民國史研究室、中山大學歷史系孫中山研究室合編：《孫中山全集》第1卷，第2頁。

3　《香港興中會章程》，廣東省社會科學院歷史研究室、中國社會科學院近代史研究所中華民國史研究室、中山大學歷史系孫中山研究室合編：《孫中山全集》第1卷，第22頁。

其次，孫中山很早就把聯絡知識界作為興中會的組織方針。該會成立之初，便主張「聯結四方賢才志士」[4]，還主動提出與維新派合作，共謀大業。廣州起義前，孫中山拜訪日本駐香港領事中川恒次郎，聲稱將以康有為、吳瀚濤、曾廣銓等人為統領[5]，至少有藉重其聲名之意。起義失敗後，孫中山流亡海外，從一八九八年起，與為數不多的留日學生建立聯繫，促使其中不少人反清革命。他總結歷史經驗，特別是太平天國失敗的教訓，認為：「歷朝成功，謀士功業在戰士之上。讀書人不贊成，雖太平天國奄有中國大半，終亡於曾國藩等儒生之領兵。」「士大夫以為然，中國革命成矣。」[6]一九○○年尤列到日本，和孫中山「議定革命進行二種計劃，一聯絡學界，一開導華僑」[7]。此後孫中山努力貫徹這一方針。一九○二年，他以「中國士大夫尚無組織」，邀集李書城、程家檉、馮自由等人開會於東京竹枝園飯店，要求他們分別對本省學生進行發動聯絡，並稱這次聚會為「中國開天大會」[8]。這說明孫中山非但沒有輕視讀書人，相反清醒地認識到新知識群體在近代革命中的地位與作用。而重視開通士人，又表明其致力的事業不同於歷史上的改朝換代。

當然，孫中山爭取知識人的努力，也有局限。一八九九年以前，他主要致力於武力反清，對宣傳和組織工作重視不夠，因而活動重心偏向會黨。就早期新學界的政治小團體而言，與會黨結合才能更快地進入武力反清軌道，華興會、光復會同樣如此。華興會入會者雖達五

---

4 《香港興中會章程》，廣東省社會科學院歷史研究室、中國社會科學院近代史研究所中華民國史研究室、中山大學歷史系孫中山研究室合編：《孫中山全集》第1卷，第22頁。

5 《原敬關係文書》第2卷書翰篇，日本放送出版協會，1984年版，第392頁。

6 劉成禺：《先總理舊德錄》，《國史館館刊》創刊號，1947年12月。

7 馮自由：《革命逸史》初集，第31頁。

8 劉成禺：《先總理舊德錄》，《國史館館刊》創刊號，1947年12月。

百人，因為多數是知識人士和青年學生，還是要依靠會黨發動起義。光復會初期，會員「大部分是小資產階級知識分子，顧慮動搖，行動不堅決」，也將「注意力集中到運動江蘇、浙江、安徽、福建、江西五省會黨方面，動員參加，以達到武裝革命的目的。」[9]而另一些革命小團體，因未與會黨聯合，活動就只能停留在宣傳方面。革命黨人對此深有感觸，他們說：「會黨黨羽眾多，又能脫離政府，超然自有所建樹，隱然為一國之潛勢力不可誣也。數年以來，愛國志士倡僕滿獨立之議，而赤手空拳，無所憑藉，不足當偽政府劍頭之一映，則折而屬意於會黨，思有以運動而聯絡之。」[10]

　　知識界本身的狀況以及孫中山具有的條件也制約其努力的效果。庚子以前，國內知識界接受排滿革命主張者的確不多。如章炳麟所說：「方今支那人士日益闒茸，背棄同族，願為奴隸，言保皇者十得八九，言復漢者十無二三」[11]。而孫中山自一八九五年廣州起義失敗後就成為清廷緝捕的「欽犯」，與國內聯繫十分困難，更難以踏足國土。一九○三年後，隨著新知識群的革命化，孫中山與國內知識界的聯繫大大加強，而後者的活動和作用仍集中於宣傳方面。孫中山認為讀書人不宜作為武裝起義的主力去衝鋒陷陣，的確反映了知識界的實情。他與朱和中等人爭論的問題之一，正是知識分子在武裝鬥爭中的作用。不過，即使在這方面，孫也沒有輕視讀書人的作為。他認為會黨固然重要，但「必其聯合留學，歸國之後，於全國之秘密結社有以操縱之，義旗一起，大地皆應，旬日之間，可以唾手而摧虜廷」[12]，主張用留學生統帥和指揮會黨。

9　沈瓞民：《記光復會二三事》，中國人民政治協商會議全國委員會文史資料研究委員會編：《辛亥革命回憶錄》第4集，第34頁。

10　《會黨之進步》，《復報》第6期，1906年11月11日。

11　《來書》，《中國旬報》第19期，1900年8月9日。

12　宋教仁：《程家檉革命大事略》，《國史館館刊》第1卷第3號，1948年8月。

　　從一八九八年起，孫中山鑒於廣州起義失敗後，清朝地方官防範嚴密，以廣東作為起義的發難之地，「今日非善矣」，考慮把戰略重點轉向長江流域，但又感到「萬端仍以聚人為第一著」[13]，這方面對長江流域沒有把握。於是，他一面立足廣東，一面努力擴展活動範圍，為此採取了兩項重大措施：第一，指示陳少白到香港創辦《中國報》，加強宣傳，發動國內知識界。第二，派人聯絡湘鄂閩粵會黨，組織興漢會，又與梁啟超商議聯合組黨，一致反清。不料後一方面努力的結果多半是為他人做嫁衣裳，從此直到同盟會成立，孫中山沒有再度大規模聯絡國內會黨，而把主要精力放到與保皇會爭奪華僑和留學界之上。他對於宣傳組織工作較前重視，並得到在士林中頗負時名的章炳麟等人的支持聲援。一九〇〇年章氏因主張嚴拒滿蒙人入國會，不為同人見納，憤然斷髮出會，以示與保皇派決絕，隨即將所撰《請嚴拒滿蒙人入國會狀》、《解髮辯說》投寄《中國報》，引興中會為同志。以後又在《國民報》上發表《正仇滿論》，公開與保皇派論戰。同盟會成立前，章炳麟等人的革命宣傳對孫中山的活動很有幫助，「影響所及，就地域言，由上海擴及長江流域；以對象言，由下層階級，普遍到知識階級，這於後來革命成功關係是很大的」[14]。與知識界的革命化相適應，孫中山不僅思想上而且行動上越來越重視聯絡知識分子，並逐漸形成以知識分子為主體組建革命大團體的計劃。

13　《與宮崎寅藏等筆談》，廣東省社會科學院歷史研究室、中國社會科學院近代史研究所中華民國史研究室、中山大學歷史系孫中山研究室合編：《孫中山全集》第1卷，第183-184頁。

14　張繼：《五十年歷史之研究與回顧》第1講，中國國民黨中央黨史史料編纂委員會編印：《革命先烈先進詩文選集》第5冊，臺北，1965年版，第7-8頁。

二 交往聯繫

同盟會成立前，孫中山爭取知識界的重點是留學生，同時通過各種管道，特別是留日歸國學生和一些往返於海內外的革命人士，與國內一些重要省區的知識界建立了不同程度的聯繫。

一八九五年廣州起義失敗後，孫中山長期流亡海外，有學者認為，他與國內進步知識界或學生領袖沒有多少接觸。誠然，由於孫中山不能歸國開展活動，難以同國內知識界廣泛交往，但雙方的聯繫畢竟存在，而且不斷發展，對各自的活動產生了重要影響。

孫中山與國內知識界的聯繫集中在江浙、湖北、廣東三個重要地區。以上海為中心的江浙一帶，挾近代中國經濟文化最為發達的優勢，成為進步知識人士的匯萃之所和國內學界風潮的發源繁盛之地；湖北省垣武漢號稱「東方芝加哥」，洋務新政力開風氣之先，興學留學均躋於全國前列，進步知識界的組織與活動持續活躍；廣東則為近代維新與革命運動的發祥地，開放既久，人心思變。由於上述三地新知識界的實力較強，與之聯繫，既可以反映國內知識界的基本動向，又足以影響全國局勢。

孫中山與江浙知識界的聯繫發端甚早。一八九八年初，赴日考察報務的汪康年等人就和他有過接觸。在日期間，孫中山結識了不少留學生中的英俊之士以及章炳麟等著名新學士紳，許多人歸國後就在上海開展活動，如章炳麟、張繼、馬君武等人參加中國教育會，創辦愛國學社，為《蘇報》撰述；秦力山、戢元丞等開辦《大陸》雜誌、《少年中國報》、作新譯社；葉瀾等組織東亞談話會等，彼此聯繫日見緊密。尤其是孫中山與中國教育會的關係，值得重視。《蘇報》案後，中國教育會會長黃宗仰亡走日本，孫中山特邀其同居一樓，兩人

情誼甚篤。黃宗仰以「仰瞻星斗十年久，莉漢聲聞三度雷」[15]的詩句，表達對孫的久慕之情。此後，孫中山與其保持通信往來，還通過黃與上海革命黨人聯繫。鄒容的《革命軍》刊行於滬，「是時禁網方密，除鏡今書局外，無人敢為出售，乃由黃宗仰寄千冊予先生（即孫中山）。嗣先生來函，稱《革命軍》為南洋所崇拜」[16]，這對宣傳能力不敵保皇派的興中會幫助極大。孫中山覆函請求繼續予以臂助，「務望在滬同志，亦遙作聲援，如有新書新報，務要設法多寄往美洲及檀香山分售，使人人知所適從，並當竭力大擊保皇毒焰於各地也。」[17]鼓動以中國教育會為中心的國內進步知識界加入反對保皇派的鬥爭。張繼甚至稱：「《蘇報》案未決之先，余時至巡捕房探問，太炎致書總理，稱『總統鈞鑒』，交余設法轉遞」[18]。

　　一九〇三年秋，中國教育會內部發生糾紛，大起爭執，多方調解無效，興中會機關報《中國報》社社長陳少白聞訊，「以同黨內哄，有礙大局，特親至上海設法和解，並設宴邀集滬上諸同志聯絡感情」[19]，終於平息了風波。是年底，孫中山又致函上海同志，講述平均地權思想及其與保皇派鬥爭的情況。值得注意的是，他把所定的新誓詞和宣誓方法詳告上海方面，說：「公等既為同志，自可不拘形式，但其餘有志者，願協力相助，即請以此形式收為吾黨。」可見這已不是

15　中央：《與中山夜登冠嶽峰》，《江蘇》第9、10期合刊，1904年3月17日。

16　《汪德淵致孫中山函》，轉引自杜呈祥：《鄒容的思想演變及其在中國現代革命史上之地位》，中華民國開國五十年文獻編纂委員會編印：《中華民國開國五十年文獻》第1編第10冊，臺北，1962年版，第585頁。汪德淵為中國教育會會員。

17　《覆黃宗仰函》，廣東省社會科學院歷史研究室、中國社會科學院近代史研究所中華民國史研究室、中山大學歷史系孫中山研究室合編：《孫中山全集》第1卷，第230頁。

18　張繼：《回憶錄》，《國史館館刊》第1卷第2號，1948年。

19　馮自由：《革命逸史》初集，第136頁。

組織外部的一般關係了。一九〇四年四月二十六日,《警鐘日報》將此函全文刊登,以為號召。六月十日,孫中山在另一致黃宗仰函中詢問:「上海同志近來境況、志氣如何?」[20]除黃宗仰、章炳麟外,教育會與孫中山有過交往或通信聯繫的還有幹事王慕陶、戢元丞、會員張繼、馬君武等。雙方在掃蕩保皇派方面的配合協作,幾近統一組織的共同行動,所以孫中山、陳少白稱上海方面為「同黨」或「同志」。

湖北方面,庚子自立軍起義時,孫中山與湖北知識界的關係一度密切,以後雙方的聯繫通過兩條管道保持和擴展,一是湖北留日學生,如吳祿貞、劉成禺、李書城、戢元丞等。另外,程家檉、沈翔雲等祖籍不是湖北,而與湖北學界關係密切。吳祿貞等人回國後,與武昌新學界中的激進分子共組花園山機關,儼然成為當地進步知識界的領袖。結會者籌議運動方法,其中一條是「尋孫逸仙,期與一致」。一九〇三年底,清朝地方官吏因武漢三鎮革命風潮日漸高漲,決定將思想激進的青年學生送往歐洲留學,以除隱患,其中多為花園山機關成員。他們在上海與劉成禺相遇,託後者聯繫與孫中山見面,以後又訪《中國報》主筆馮自由、《圖南日報》主筆黃伯耀,希望通過他們與孫中山取得聯繫。次年,孫中山推薦劉成禺為三藩市《大同日報》編輯,「劉固兩湖書院之學生,而與花園山同志通聲氣者也。自此花園山同志始得間接以達於孫逸仙」[21],從而奠定了歐洲同盟會的基礎。

孫中山與湖北知識界聯繫的另一管道,是旅居上海的鄂籍人士。花園山機關成立後,「公開招待各處來訪之志士。於是遠自東京,近

---

20 《覆黃宗仰函》,廣東省社會科學院歷史研究室、中國社會科學院近代史研究所中華民國史研究室、中山大學歷史系孫中山研究室合編:《孫中山全集》第1卷,第241頁。

21 朱和中:《辛亥革命光復成於武漢之原因及歐洲發起同盟會之經過》,《建國月刊》第2卷第4期,1930年2月。

至上海，莫不互通聲氣。」[22]還派人到上海設立聯絡處。當時活動於上海的各省進步人士很多，為了便於聯繫，增強影響，建立了一些地緣性小團體，如福建學生會，參加者不限於學生，還包括教員、編輯、記者和郵政、路礦、船政等部門的職員。湖北在滬同人也有類似機構，即國民叢書社。該社「為王君（慕陶）所創立，為吾湖北學生公益起見，遞書售報，同鄉公舉以為上海機關，於吾湖北關係甚大。」[23]武昌花園山機關派赴上海創辦聯絡處昌明公司的萬聲揚，就與國民叢書社有直接關係。該社實際上成為湖北知識界與國內外志士溝通的聯絡機關，不僅劉成禺、戢元丞與之關係密切，孫中山本人還與該社負責人王慕陶有通信往來。王慕陶曾參與孫中山與湖南維新志士共同組織的自立軍起義，事敗，入獄兩年[24]。章士釗自述其譯著《孫逸仙》一書的緣起：「一日，吾在湖北王侃叔（慕陶）許，見先生（即孫中山）所作手札，長至數百言，用日本美濃紙寫，字跡雄偉，吾甚駭異。由此不敢僅以草澤英雄視先生，而起心悅誠服之意。」後來章士釗在言談撰述中，貿然將「孫」與「中山」二姓連用為姓名，王慕陶見狀，當面指陳錯誤。章士釗還從王慕陶處了解到孫中山的「抱負與方略」[25]，因此決心翻譯宮崎寅藏的《三十三年之夢》，向國人宣傳介紹，行文還添加了不少標榜推崇之語。可見王慕

---

22 朱和中：《歐洲同盟會紀實》，中國人民政治協商會議全國委員會文史資料研究委員會編：《辛亥革命回憶錄》第6集，第3頁。

23 《湖北在滬學生代王劉二君公告》，《大陸》第12期，1903年10月29日。另據《湖北學生界》第3期《湖北同鄉會敬告》：「宜昌王君慕陶寓居上海新聞新馬路餘慶里十九號國民叢書社，願以所寓作湖北同鄉招待處。」

24 張伯楨：《張篁溪遺稿》，中國史學會主編：《中國近代史資料叢刊·戊戌變法》第4冊，上海，神州國光社1953年版，第284頁；《湖北在滬學生代王劉二君公告》，《大陸》第12期，1903年1903年10月29日。

25 章士釗：《疏〈黃帝魂〉》，中國人民政治協商會議全國委員會文史資料研究委員會編：《辛亥革命回憶錄》第1集，第243頁。

陶不僅熟悉孫中山的生平思想,而且敬重其為人。

廣東是孫中山的故鄉,也是他最早進行政治活動並長期重視之地,他與廣東進步知識界的關係之緊密,不言而喻,興中會就吸收了一批優秀的廣東新學之士。孫中山在日本期間,積極讚助留日粵生組織廣東獨立協會,創辦《開智錄》。興中會還在香港開辦了兩家報紙,直接對廣東新學界進行宣傳,一是陳少白主持的《中國報》,一是鄭貫一主持的《廣東日報》。他們十分關注廣東學界動向,特別是對一九〇三年興起的學堂風潮,大加報導評論,推動運動在粵省的發展。因此不少學生以二報為自己的輿論喉舌,寄文投稿,通過報紙向社會吐露心聲。不過,由於革命派和保皇派都以廣東知識界為力爭對象,清政府特別注意這一地區新知識界的動向,甚至有因為害怕孫中山的影響蔓延而主張廢棄新學及學堂教育者[26]。對於興中會的活動,更是嚴加防範。加上廣東知識界缺乏組織,保皇會的影響又多所掣肘,因而孫中山與之聯繫難以進一步發展。

除上述三地外,湖南、福建兩省知識人與孫中山的關係也值得注意。兩湖社會聯繫密切,孫中山與湖北知識界的交往,勢必輻射到湖南。同時,上海的湘籍進步人士秦力山、章士釗等與孫中山有著直接間接關係,秦力山還被認為是「宗旨惟在革命」的「孫黨」[27]。他們在向國內知識界宣傳孫中山方面起過積極作用,又與原籍進步人士保持緊密聯繫。一九〇三年底從東京歸國到長沙任教、加入華興會的翁浩、鄭憲成,是孫中山所創東京青山軍校成員,曾由孫親自主持宣誓,對其革命主張有比較全面的了解。此外,華興會員中,張繼、葉瀾等見過孫中山,蘇子谷則到過《中國報》社。他們均對湖南知識界

---

26 《兩廣總督陶制軍批斥洪牧嘉與札稿》,《選報》第9期,1902年3月10日。

27 1902年3月18日《致吳君遂等書》,湯志鈞編:《章太炎政論選集》上冊,第163頁。

有所影響。趙聲在《保國歌》中唱道：「新湖南與新廣東，社會秘密通消息。」[28]雖然受歐榘甲、楊毓麟鼓吹湘、粵獨立的同名作品的影響，所指顯然不是保皇的康、梁，而是興中會、華興會這類反清團體。兩湖和江寧學生將這份傳單在長江流域廣為散發，華興會也以此為重要宣傳品。儘管這些聯繫帶有間接性，畢竟不像有學者所說，自從畢永年隱跡後，孫中山失去了他和湖南、湖北兩省的唯一聯繫；直到五年後結識黃興，與兩湖的聯繫才得以恢復[29]。

一九〇三年，福建進步人士「聞國父倡義嶺南，豪俊風從，遂在滬組織福建學生會。」[30]該會與中國教育會關係很深，不少會員同時加入兩個組織，如林獬、林宗素兄妹，既是中國教育會會員，參加編輯《中國白話報》、《警鐘日報》，又是福建學生會的骨幹。青山軍校的翁浩、鄭憲成（均為閩籍）歸國途經上海時，也參與該會活動。當時湘閩兩省的新學界、尤其是青年學生運動十分活躍，孫中山與之接觸聯繫，很有積極意義。以後湖南進步知識界中不少人成為同盟會的骨幹，福建學生會也加入了同盟會。

綜上所述，同盟會成立前，孫中山與國內幾個主要地區的知識界有著不同程度的直接間接聯繫。這表明他並未將其活動局限於廣東和海外，從興中會成立之始，就決心「聯絡四方賢才志士」，把支會擴向全國。經過長期不懈地努力，終於和長江流域的進步知識界建立起廣泛聯繫，為組建全國性大團體以及擴大革命影響創造了有利條件。同盟會成立後，這些省份正是革命活動最為活躍的地區。

28　《在湖南革命之氣運》，《中國日報》1904年4月11日。

29　薛君度：《黃興與中國革命》，長沙，湖南人民出版社，1980年版，第41頁。該書注明此意出自馮自由《革命逸史》初集的《畢永年削髮記》，但馮著原話為：「自庚子至乙巳同盟會成立，長江流域各省之運動一時為之停頓雲。」

30　《林森事略》，中國國民黨中央黨史史料編纂委員會編印：《革命先烈先進傳》，臺北，1965年版，第813頁。

三 群相推崇

　　同盟會成立前，孫中山在國內進步知識分子心目中的形象如何，國內外學術界有著相歧相悖的看法。一些學者根據朱和中、章炳麟、吳稚暉等人的某些回憶，認為在當時中國知識人的眼中，孫中山是連字也不識幾個的江洋大盜，因而否認其在進步知識界中的地位和影響。對此，須依據史實加以澄清。

　　孫中山在新知識分子心目中的形象，確有一個變化過程。從一八九五年廣州起義失敗到一九〇〇年惠州起義，一般說來，包括開通人士在內的士林普遍視之為綠林豪傑式的草莽英雄或反滿復漢的義士。當時在武昌上學的劉成禺聽鈕永建介紹孫中山的活動後說：「此張煌言、朱舜水一流人也」[31]。就連和他當面交談過的章炳麟也是有褒有貶，認為：「聆其議論，謂不瓜分不足以恢復，可謂卓識。惜其人閃爍不恒，非有實際，蓋不能為張角、王仙芝者也。」[32]當然，對孫中山的態度，因人而異，既取決於接觸了解的程度，也受制於各自的社會背景與關係。汪康年早在一八九五年就從梁啟超處得知：「孫某非哥中人，度略通西學，憤嫉時變之流。」[33]一八九七年德國強占膠州灣後，他借赴日考察報務之機，暗中聯絡中日民間人士同盟救亡，其間與孫中山有所接觸。以後周善培、文廷式等人相繼暗訪孫中山，表明維新志士將其視為同道盟友。戊戌政變、庚子國亂接踵而至，中國迭遭重創，激進者更對其排滿革命宗旨產生共鳴。章炳麟斷髮退出國會，即對孫中山大加讚譽，詡為「廓清華夏，非斯莫屬」[34]。

31 劉成禺：《先總理舊德錄》，《國史館館刊》創刊號，1947年12月。
32 1899年7月17日《致汪康年書》，湯志鈞編：《章太炎政論選集》上冊，第92頁。
33 1895年3月14日《梁啟超來書》，上海圖書館編：《汪康年師友書札》（二），第1831頁。
34 《來書》，《中國旬報》第19期，1900年8月9日。

　　不過，汪康年等人與孫中山宗旨有異，並不認為孫是拯救中國的
適當領袖和革新變政的理想代表。而對國內知識界、特別是青年學子
而言，梁啟超仍是首屈一指的精神導師。甚至章炳麟也相信他確有
排滿革命真心，以孫、梁並重，認為中國「一線生機，惟此二子可
望」[35]。至於後來奉孫中山為旗幟領袖的激進青年，這時對他還缺乏
了解。一九〇一年吳稚暉到日本時，友人約他往見孫中山，他以為是
綠林豪傑，不願前往。章士釗說：「時海內革命論已風起雲湧，但絕
少人將此論聯繫於孫先生。吾之所知於先生，較之秦力山所謂海賊孫
汶，不多幾許。」[36]

　　一九〇三年拒俄運動後，形勢發生了重大轉變，人們的反清情緒
公開化為排滿鼓動。與此相應，國內進步人士，尤其是與孫中山有過
交往者，紛紛發表擁孫的文字言論，掀起一陣宣傳熱潮。以下數例，
可見一斑：

　　曾在海外結識孫中山的人中，章炳麟、秦力山分別為《孫逸仙》
一書作序，推崇孫「撥跡鄭洪為民辟」，「獨以一人圖祖國之光復，擔
人種之競爭，且欲發現人權公理於東洋專制世界，得非天誘其衷天錫
其勇乎？」[37]

　　戢元丞認為，當時「真有革命思想而又實行革命之規畫者，舍孫
文以外，殆不多見也。」[38]

　　黃宗仰在表達了對孫中山「仰瞻星斗十年久」的景仰之心後，又
賦詩為之餞行道：「握手與君五十日，腦中印我揚子圖。拿華劍氣凌

35　1902年3月18日《致吳君遂等書》，湯志鈞編：《章太炎政論選集》上冊，第163頁。

36　章士釗：《疏〈黃帝魂〉》，中國人民政治協商會議全國委員會文史資料研究委員會
　　編：《辛亥革命回憶錄》第1集，第243頁。

37　黃中黃：《孫逸仙》，中國史學會主編：《中國近代史資料叢刊・辛亥革命》（一），
　　第90-91頁。

38　《孫文之言》，《大陸》第2年第9號，1904年10月28日。

江漢，姬姒河山復故吾。此去天南翻北斗，移來邦水奠新都。佇看叱咤風雲起，不逐虜胡非丈夫。」[39]將孫中山比作拿破崙、華盛頓。

中國教育會會員、留日歸國學生陳去病撰文盛讚日本友人援助中國革命，稱孫中山為「漢族所倚仗奇人」，認為其當時遠赴美洲，以至無人領導革命運動，使廣西會黨起義終歸失敗，是「吾黃帝子孫之不幸」[40]。

與孫中山素未謀面者，也高度讚頌其人格行為。章士釗稱：「孫逸仙者，近今談革命者之初祖，實行革命者之北辰」，「二十世紀新中國之人物，吾其懸孫以為之招。」[41]柳亞盧推許其「十年磨劍，樹獨立之旌旗，九世復仇，理不平於種族，他日驅除異類，光復舊疆，揚自由革命之潮流，為東大陸之華、拿，其在斯人歟。」[42]也譽之為東亞的華盛頓、拿破崙。高旭則將孫中山與歷代漢族先賢相併列：「我拜岳武穆，我拜洪秀全，我拜文文山，我拜孫逸仙，我拜鄭成功，謂此皆漢賢。」[43]劉師培稱之為「革命大家孫逸仙」[44]。華進表示：「孫逸仙為吾國革命鉅子」[45]。《黃帝魂》的編者黃藻，在《書周雲詳事》一文中，借周雲詳之口批評康、梁，又說：「當今之世，可與雲祥共事者，惟中山其人。」[46]《警鐘日報》署名「共和」的文章《〈孫逸

39 《餞中山》，《國民日日報彙編》第3集，文苑，第2頁。該報署名「中根」，《江蘇》雜誌亦載，署名「中央」。

40 佩忍：《日本大運動家名優宮崎寅藏傳》，《二十世紀大舞臺》第2期，1904年11月。

41 黃中黃：《孫逸仙》，《中國近代史資料叢刊・辛亥革命》（一），第90-91頁。

42 中國少年之少年：《中國滅亡小史》第4章，丁，《孫逸仙》，《復報》第8期，1907年1月30日。是文寫於1903年，因故未刊。

43 劍公：《題太炎先生駁康氏政見》，《警鐘日報》1904年8月10日。

44 光漢：《西江遊》，《中國白話報》第8期，1904年3月31日。

45 《警鐘日報》1904年4月26日。

46 黃藻編：《黃帝魂》，第285頁。此文原載《中國日報》，其中並無讚揚孫中山語，所以有關言論應反映黃藻本人的認識。

仙〉書後》稱：「夫逸仙粵黨之魁傑，西學之巨擘，固夙宣導民權自由之說，而最富民族思想者也。」[47]上海國學社告白以「支那革命大豪傑孫逸仙」[48]的字樣介紹金松岑翻譯的《三十三年落花夢》。《中國白話報》則稱：「孫逸仙為二十世紀中國特色之人物，此人所同認。」[49]這些異口同聲的讚揚並無事後附加成份，實情確如湖北進步人士所憶，「熱烈之志士，時時有一中山先生印象，盤旋牢結於腦海，幾欲破浪走海外從之。」[50]

章炳麟、章士釗、秦力山、戢元丞、黃宗仰、劉師培、高旭、柳亞盧、黃藻、陳去病等人，是當時國內知識界革命營壘中的風雲人物，他們相繼不約而同地公開發表讚揚孫中山的言論，而且《大陸》、《警鐘日報》、《中國白話報》、《國民日日報》、《二十世紀大舞臺》、《江蘇》等報刊雜誌和《孫逸仙》、《黃帝魂》等書籍，在國內知識界流傳甚廣，其影響不可低估。可以毫不誇張地說，一九〇三年以後，孫中山已經逐漸為國內進步知識界所了解認識，並被看成是整個中國反清革命的旗幟，而非區域性代表。一九〇五年孫中山到東京組建同盟會時，陳天華稱之為「四萬萬人之代表」，「中國英雄之英雄」[51]，正是表達了中國革命知識分子的共同心聲。

國內知識界對孫中山認識的普遍轉變，由多方面原因促成。首先，一九〇三年是進步知識界由愛國走向革命的重要轉折，完成或處於轉變中的激進分子需要一個榜樣和領袖來代表引導革命運動，也需要一個偶像和一面旗幟來號召民眾[52]。作為近代中國最早的革命家，

---

47 《警鐘日報》1904年12月20日。作者疑為何海樵。

48 《〈三十三年落花夢〉告白》，《江蘇》第7期，1903年10月20日。

49 《中國白話報》第2期，1904年1月2日。

50 張難先：《湖北革命知之錄》，上海，商務印書館，1946年版，第103頁。

51 過庭：《紀東京留學生歡迎孫君逸仙事》，《民報》第1號，1905年11月26日。

52 章士釗在《孫逸仙》一書中，將此意表達得十分明確，他說：「孫逸仙者，非一氏

孫中山長期以來始終不渝地堅持反清革命，為爭取民主共和努力奮鬥，得到海外輿論的承認，自然為他們所尊崇仿效。但凡轉向革命者，幾乎都把自己與孫中山的革命事業相聯繫。隨著政治立場的轉變，他們對孫中山的反清密謀有了與前此不同的觀念，草莽英雄成了革命鉅子，情感上容易溝通。

其次，一九○三年後，孫中山與國內知識界的聯繫加強，對其革命活動與思想的宣傳明顯增加，使得進步知識界對孫中山的認識普遍加深，不僅可以排除清政府的誣衊歪曲，而且能夠與一般會黨相區別。一九○○年以前，國內很少見到正面介紹孫中山的文字，比較集中的一次是《時務報》在倫敦蒙難事件後，譯載了一些外國報刊的報導評述，其中對其生平活動有所介紹[53]。一八九七年《倫敦被難記》出版，沿海一些口岸城市皆有寄售，但是英文版，流傳不廣。戊戌政變後數日，天津《國聞報》刊登了一篇《中山樵傳》，這是國內最早公開發表的中文孫中山傳記。然而作者對孫中山抱有敵意，不僅內容與事實出入較大，而且故意醜化[54]。一九○三年後對孫中山的宣傳由兩方面組成，一是與孫中山有關係的日本人士和一些日本報紙的介紹。清政府推行新政之際，全面模仿日本，民間志士則對明治維新後日本迅速強盛大為歎服，兩國交往日益頻繁，社會風氣倍受影響，日

之私號，乃新中國新發現之名詞也。」「孫逸仙之原質」與「以孫逸仙之原質而製造之」物不同，「此二物者，非孫逸仙之所獨有，不過吾取孫逸仙而名吾物，則適成孫逸仙而已。」因此，「談興中國者，不可脫離孫逸仙三字，非孫逸仙而能興中國也，所以為孫逸仙者而能興中國也。」（中國史學會主編：《中國近代史資料叢刊‧辛亥革命》（一），第90頁）

53 參見《時務報》第14、15、17、19、21、27、28冊的有關報導。

54 《國聞報》1898年9月25日。原文稱此傳係「從東友處輾轉傳抄」，但日本人士懷疑出自徐勤之手。為此徐勤曾致函宮崎寅藏，力辯與此事無關（馮自由：《中華民國開國前革命史》上編，第42-43頁）。

本興論成為關注熱點。一九〇二年，宮崎寅藏作《三十三年之夢》，
其中詳盡記述了孫中山的革命思想和事蹟，與中國革命分子急欲塑造
先驅領袖形象的需求相適應，為後者提供了重要藍本。一九〇三年，
田野桔次作《最近支那革命運動》，論述戊戌政變以來中國的革新運
動，也專章介紹《興中會長孫逸仙》。此外，一些創辦發行於中國的
日本報刊，刊登過有關孫中山活動的報導，雖然傾向不一，客觀上起
到向中國知識界介紹孫中山的作用。

　　二是中國知識界的革命分子欲通過加強宣傳革命先行者來促使更
多的人起而革命。一九〇三年，章士釗以《三十三年之夢》為底本，
譯著參半，寫成《孫逸仙》一書，「一時風行天下，人人爭看。」[55]有
人讀後表示：「哀哉吾黃胤，宛轉奴圈裡。自為亡國民，悠悠二百
祀。欲雪此奇辱，革命豈容已。堪笑蚩蚩者，醉生復夢死。中山殆可
兒，佇看鱟雲起。」[56]黃興就是讀此書而得知孫中山的思想和事業，
滋生日後與之合作共圖大業的意向。不久，中國教育會會員金松岑又
將《三十三年之夢》全書翻譯出版。同會的蔣維喬看了該譯本後，讚
揚宮崎寅藏幫助孫中山，是「東方之大俠」[57]。以這些書為藍本，柳
亞盧作《中國滅亡小史》，用一個專節敘述孫中山的生平事蹟；陳去
病作《日本大運動家名優宮崎寅藏》，介紹孫中山的早期活動和宗旨
主張。秦力山也曾有意著書宣傳孫中山，「而以三年來與孫君有識，
人將以我為標榜也，復罷之。」[58]

　　上海新智社翻譯田野桔次《最近支那革命運動》，本意「惟欲明

---

55 章士釗：《疏〈黃帝魂〉》，中國人民政治協商會議全國委員會文史資料研究委員會
　編：《辛亥革命回憶錄》第1集，第243頁。

56 黃天：《題〈孫逸仙〉用前韻》，《江蘇》第11、12期合刊，1904年5月15日。

57 瘦山道人（蔣維喬）：《鶼居日記》甲辰正月廿二日（1904年3月8日）。

58 秦力山：《孫逸仙·序》，《中國近代史資料叢刊·辛亥革命》（一），第91頁。

既往革新黨之事蹟，以使中國人士讀之知其利害得失，因而深思熟慮，鑒於前警於後，莫至自噬臍無及耳」。該書稱孫逸仙為「非常之英雄」，如波蘭英雄哥士托，「其性格與赤心相對待而生流血的愛國心，並其思想是世界的，即愛共和與自由」，「其眼眸中有一種之異彩，革命之氣自然流溢於外。」興中會「非從來尋常之土匪可比，蓋實文明流革命家之集合體，而為支那有志之士所當欹耳而傾聽者也。」雖然「彼之行事之手段，其施諸支那者，終覺過於高尚，彼之所有思想也，理論也，政策也，交際也，又其生活舉動也，皆遙出諸般支那人之上，故彼之舉動，往往不為流俗相容」，因此「孫文從來之革命運動，未嘗有可觀者，然彼將來之運動，未可以淺見測之也。」[59]與此同時，深受國內進步人士歡迎的《江蘇》、《警鐘日報》等刊物還刊載了孫中山的文章通信，報導其活動行蹤，使之成為社會關注的新聞人物。

再次，一九〇一年後，革命派與保皇派展開初步論戰，到一九〇三年，論戰漸趨激烈，在國內知識界引起反響。同盟會成立前，論戰雖未決出勝負，影響卻十分巨大。在此之前，國內知識界特別是青年學生中，梁啟超的影響占了主導地位，人們開口則稱引「梁任公」、「新民子」、「飲冰室主人」。南洋公學學生演講時，幾乎無人不從梁啟超那裡尋求理論依據[60]。論戰展開後，這種主導地位無可挽回地動搖了。《蘇報》、《國民日日報》、《大陸》、《廣東日報》、《警鐘日報》、《中國白話報》等一批在進步知識界廣為流傳的報章雜誌，先後發表文章揭露和抨擊康、梁，報導孫中山在美洲掃蕩保皇派的戰況。正在香港與保皇派所辦《商報》激戰的《中國報》，不斷轉載《大陸》和

---

59 田野桔次：《最近支那革命運動》，第49-53頁。

60 參見《教育界之風潮》（上海，1903年版）所匯錄的一九〇二年南洋公學風潮期間學生演講記錄。

《警鐘日報》批評康、梁的文章，以加強攻勢。海外華僑的民族情緒高漲和保皇派內部的動搖分化，對國內知識界猶如一針清醒劑，使之認識到：「康梁，朝廷之忠臣也；孫文，則其仇敵也。」[61]各種介紹論述革新運動歷史的書刊，將革命黨和保皇會進行比較，田野桔次斷言：「今日之保皇會與哥老會共不適於革命。何則？一無革命之志，一無革命之主義。今日新黨界中稍有革命家之體面者，僅孫文一人。然彼嘗有二十餘萬之興中國會同志，今皆四散。彼倘能毅然自奮，雖百千萬人亦可得也。嗚呼！孫文宜自重。」[62]此外，由於大批社會人文著作的翻譯出版，國內青年學子不必從梁啟超的《新民叢報》中曲折地汲取革命的養料，對比之下，他們益發不滿於梁的淺薄。各種革命書刊的出版發行，逐漸抵銷了梁啟超的影響。與此相應，孫中山作為革命先行者的地位卻顯著提高了。

有人認為，孫中山沒有受過正統儒學的良好教育，因而在士林中聲望不高。此說固然為問題的一面，但顯然對庚子後新舊消長的形勢估計不足。由於守舊勢力遭受重創，清政府力行新政，求新成為大勢所趨，社會群體的分化組合加速進行，舊士群逐漸為新知識界所取代。在舊士人眼中，孫中山當然不足掛齒，甚至罪大惡極；而新知識界所推崇的已不是舊學名宿，而擅長新學的精神領袖。一九〇二年以後，隨著國內新式學堂和大眾傳媒的增多，新學以前所未有的速度傳播擴散，學習西學成為時尚，浪潮湧來，大有席卷舊學之勢。遠離學堂和傳媒的舊學者由正統支柱變成時代棄兒，驚呼：「經也，史也，詞章也，中國數千年學界之精華，畢萃於此，學者一旦顧輕蔑乃爾。」[63]

61　《康梁失望》，《警鐘日報》1904年6月23日。

62　田野桔次：《最近支那革命運動》，第116-117頁。

63　《讀南皮尚書建置存古學堂札文》，《江西官報》乙巳（1905年）第1期。

　　儘管革新者中也有人持國粹主義，但章炳麟等人所以領一代風騷，不僅因其國學造詣深厚，更主要是敢罵皇帝，讚頌《革命軍》。就連梁啟超的巨大影響，也由其以新民體傳播新觀念，提倡自由民權而來。國內學生慨歎當時中國「談西學者，皮傳稱數，腹誹學說，比比皆是，求一二人為嚴復、馮自由者，戞乎其難。」[64]孫中山受過系統的西式科學教育，對西方近代社會政治思想學說有廣泛而深入的認識，被譽為「西學之巨擘」，又通過自學等方式，對國學有所了解，具備與正途士人交往的能力。以孫中山未受過儒學教育來否認他在中國進步知識界中的聲望地位，既不符合知識界的心理趨向，也不符合歷史事實。如果說國學修養在戊戌時期還是開明士紳選擇精神領袖的關鍵因素，那麼庚子以後反而容易成為學堂師生溝通的障礙，梁鼎芬、勞乃宣、沈曾植、俞明震等一批舊學名士，都成為學潮衝擊的對象。

　　至於章炳麟等人的回憶，應仔細分別。章氏所說當為一九〇一年以前的情況；朱和中等在武昌與吳祿貞同屬一個革命機關，後又結識劉成禺、馮自由、黃伯耀，與程家檉等也有通信聯繫，千方百計要「尋得孫逸仙而戴之為首領」[65]，不應對孫毫無所知。吳稚暉的同事中不少人與孫中山有過交往或通信聯繫，對其早應耳熟能詳，自稱到一九〇五年還不清楚孫是否識字，情理難通。他在另一回憶中就說，和孫中山會面於英國時，對其「溫和端正，我是不吃驚的了。我早由我的朋友鈕惕生在三年前告我。」[66]從吳的留英日記中，也看不出他

---

64 愛國青年：《教育界之風潮》第2章，第26頁。

65 朱和中：《辛亥革命光復成於武漢之原因及歐洲發起同盟會之經過》，《建國月刊》第2卷第4期，1930年2月。田野桔次《最近支那革命運動》記，草擬覆張之洞書的留學生中有吳劍云者，「為陸軍士官之卒業生，嘗語予曰：『與中會孫逸仙，其姓孫而自稱孫文。予今亦自號吳劍。』彼數年前卒業日本士官學校而歸湖北，顧現今必能指揮哥老會之一族以結革命之夢也。」（第168-169頁）似為吳祿貞。

66 《我亦一講中山先生》，中國國民黨中央黨史史料委員會編印：《吳稚暉先生全集》第7卷，臺北，1969年版，第303頁。

對孫有任何誤解輕視之意[67]。

四　思想互動

　　孫中山與國內知識界關係的一個重要方面，是雙方思想上的溝通呼應。一八九五年後，孫中山雖然身處海外，對國內形勢的變化發展和思想潮流的起伏消長一直十分關注，特別是對國內知識界的思想狀況，尤為關心，從中汲取有益成份，調整充實和豐富完善其理論，以強化政治綱領的影響號召力。關於雙方這方面的交往聯繫，限於資料，難以全面詳盡地再現，不過從種種跡象中，仍然可以找出一些線索。

　　從一八九四年創建興中會起，孫中山就明確宣布，要「創立合眾政府」，提出了共和國方案。一八九五年拜訪日本駐香港領事中川恒次郎時，又表示要在兩廣獨立，成立共和國[68]。一八九七年與宮崎寅藏筆談，更斷定「人群自治為政治之極則，故於政治之精神，執共和主義。」並駁斥一些人所謂「共和政體不適支那之野蠻國」的觀點，認為共和制不但適合中國國情，而且有「革命上之便利」[69]。但在很長時期內，其漢語詞彙中似乎沒有「共和國」這一特定名詞。一九〇〇年以前，國內知識界對於民主共和思想一般還不能接受，甚至所用名詞的概念含義也與後來不盡相同。維新派把「共和」解釋為君民共主，上下共和，而以「民權」與「民主（民之主）」相對。

　　隨著新知識群的擴大和民主思想的傳播，有關術語概念不斷變

67　蔣永敬：《從吳稚暉的〈留英日記〉來補正國父幾次旅英日程的缺誤》，《傳記文學》第26卷第3期，1975年3月。

68　《原敬關係文書》第2卷書翰篇，第396頁。

69　《與宮崎寅藏平山周的談話》，廣東省社會科學院歷史研究室、中國社會科學院近代史研究所中華民國史研究室、中山大學歷史系孫中山研究室合編：《孫中山全集》第1卷，第172-173頁。

換，在國民主體觀與近代國家政治制度的融合下，「共和」一詞中的皇權因素被徹底剔除，成為表達近代中國民主政制的特定符號，為進步知識界普遍接受。一九○二年十一月南洋公學退學風潮中，學生們大聲疾呼：「二十世紀舉世皆共和，不共和則為鄙夫」，「惟共和能久存於世界，惟共和能深得夫人心」[70]，還將自辦的學校稱為「共和學校」。中國教育會也自稱為「共和的教育會」，決心以共和教育培養共和國民[71]。稍後，鄒容在《革命軍》中又提出「中華共和國」的概念。正是在民主共和思潮風起雲湧的形勢下，孫中山將中國知識界流行的「國民」與「共和國」兩個概念結合起來，提出「創立民國」的口號。這不僅使革命綱領更為明確完善，而且具有鮮明的民族與時代特徵，在宣傳上適應了進步知識分子對民主共和觀念的理解與表述，從而對國內知識界更具號召力。

一九○三年孫中山提出「驅除韃虜，恢復中華，創立民國，平均地權」的十六字綱領，概括了三民主義的基本內容，但直到一九○五年《民報》發刊詞中，才正式歸納為民族、民權、民生三大主義。國內知識界則從一九○四年底起已開始對民族、民權主義進行公開宣傳。一九○四年十二月二十日《警鐘日報》刊登《〈孫逸仙〉書後》一文，開篇就說：「今天下救時之彥，愛國之儒，萬喙一辭，眾聲同應，莫不曰民族主義哉！民權主義哉！」該報一九○四年十二月八日至十日連載「共和復漢生」所撰長篇論說《論中國民族主義》，從反滿和反帝兩方面詳盡闡述民族主義。這有別於當時知識界以民族主義對抗歐美列強的一般觀念，比較接近孫中山的思想。十二月二十四日，該報又刊登署名「新中國主人」的《論共和政體》，對民權主義

---

70 愛國青年：《教育界之風潮》，第2章，第33頁；第3章第12頁。

71 《愛國學社之建設》，《選報》第35期，1902年11月20日。

詳加論述。兩篇文章批判了康、梁的君主立憲主張，指出：「今日而欲救中國，捨擴張吾民族主義，其道未由」，強調以革命方式推翻清朝統治的重要性和必要性，認為中國「不可無共和政體」。這與孫中山的思想雖不完全等同，畢竟概念明確一致，涵蓋了主要內容。

關於民生主義，一九〇三年上海革命黨人提出：反清革命「所革者政治之命耳，而社會之命，未始不隨之而革也。」[72]章炳麟、秦力山在日本時曾與孫中山一起討論土地問題。一九〇二年，章炳麟修訂《訄書》，增加《定版籍》一篇，記載了討論的有關內容。秦力山則於一九〇三年八月在《國民日日報》上披露了部分《與孫中山討論公地策記》的內容，稱其主旨在於解決「貧富何以能平等」[73]。蔡元培、劉師培等人不約而同地表現出探討變革社會經濟制度的願望，還有人致函孫中山詢問有關社會主義的問題。一九〇四年四月，《警鐘日報》以刊登孫中山來信的方式，向國內知識界介紹其平均地權主張，滿足了探索者的需求。

另如革命程序論和地方自治思想的提出，國內進步知識分子認為：「專制政體推行之久暫，皆懸於臣下之舉動，臣下而好共和，君主即酷好專制而終則共和；臣下而喜專制，君主即意欲共和亦必流於專制，勢為之也。」[74]這與孫中山的觀點頗為接近。他曾說：「夫拿破崙非不欲為民主也，其勢不能不為皇帝，使華盛頓處之亦皇帝矣。華盛頓非必欲為民主也，其勢不能不為民主，使拿破崙當之亦民主矣。」「即使諸統帥慕共和之治，讓權於民，為其舊部者，人人推戴新皇，各建偉業，咸有大者王小者候之思，陳橋之變所由來也。」[75]

72　《駁〈革命駁議〉》，《蘇報》1903年6月13日。

73　《〈上海之黑暗社會〉自序》，《國民日日報》1903年8月19日。

74　愛國青年：《教育界之風潮》，第3章，第1頁。

75　《孫文之言》，《大陸》第2年第9號，1904年10月28日。

因而提出建政三階段的構想，以保證破除專制後，向共和政治平穩過渡。

一九○一年後，國內地方自治思潮漸興，社會運動隨之而起。與此同時，孫中山也把地方自治納入其思想體系。當然，二者差別很大，國內的地方自治，是在清政府的統治下展開，流派甚多，宗旨不一，主流是借地方自治來擺脫集權的中央政府的直接統治。而孫中山則主張首先推翻專制的清王朝，在建政初期以地方自治防止割據專權，培養國民主體意識，最終過渡到完全的直接民主政治。這與國內激進分子的追求相通。趙聲在《保國歌》中，就主張首先推到滿清，建立共和政府，然後實行地方自治，以保障治安，奠定民主政治的社會基礎。

限於條件，孫中山與國內知識界的思想交流不一定直接進行，而一九○四至一九○五年之交《警鐘日報》的宣傳是否與孫本人有關，也難以證實。上述事實表明的是，第一，孫中山雖然長期活動於海外，其思想主張卻始終從中國的國情出發，並依據國勢的變化而變化，不是機械地照搬西方的觀念制度，或閉門造車的產物。國內知識界的思想狀況與動向，是其取捨修改的主要依據。第二，孫中山與國內革命者心靈相通，所思考的同為重大時代課題，解決問題的思路與方式也有異曲同工之妙，成為後來組織結合的思想基礎。第三，正是由於孫中山通過各種管道與國內進步知識界建立了聯繫，使他能夠更加準確地把握時代跳動的脈搏，與後者在思想上同頻共震。三民主義可以說是國內外進步知識界思想的共同結晶。第四，孫中山又有作為革命先行者與政治領袖的特長，其理論的系統性和適用性要超過國內知識界的一般水準。當然，以實踐為目的的革命理論，追求有效實用遠過於學理的完善與邏輯的嚴密。如果說國內知識界對孫中山的推崇還帶有感性的偶像化色彩，那麼宣傳孫中山的思想或與之共鳴者就必

須深思熟慮，比較鑒別，絕非情緒衝動的表現。

　　孫中山與國內知識界的聯繫和交流，有力地促進了革命形勢的發展和革命大團體的建立。

　　一九〇三年，是中國知識界分化改組的重要一年，清廷壓制拒俄及《蘇報》案的刺激，使反清情緒普遍高漲，「留東學生提倡於先，內地學生附和於後，各省風潮，從此漸作。」[76]在此形勢下，孫中山著手實施組建革命大團體的計劃。為使這一行動有所依託，他首先到美洲掃蕩保皇派，恢復和鞏固興中會的海外陣地，以為建立大團體做一鋪墊。其決策與國內知識界的風氣轉移有一定的關係。知識界革命傾向的增強，滋生了組織聯合與統一領導的強烈願望。早在一九〇三年五月，鄒容鑒於國內學生運動此伏彼起，而不能持久，「憤中國學生團體之不堅，毅然創一中國學生同盟會」，計劃各省設總部，各府縣設分部，「其目的在於學界成一絕大法團體，以鏖戰於中國前途競爭逼拶之中者也。」[77]限於條件，未能實現。

　　孫中山既看到知識分子的覺醒給革命事業帶來力量和希望，也察覺到力量分散，缺乏組織造成的不利影響。他到舊金山時，當地致公堂發布的一份公啟，反映了這一認識：「近者各省讀書士子遊學生徒，目擊滿清政府之腐敗，心傷中華種族之淪亡，莫不大聲疾呼，以排滿革命為救漢種獨一無二之大法門。無如新進志士，雖滿腔熱血，衝天義憤，而當此風氣甫開，正如大夢初覺，團體不大，實力未宏，言論雖足激發一代之風潮，而實事尚未能舉而措之施行也。」[78]與《致公堂重訂新章要義》開頭那段文字相比較，這份公啟很可能出自

76　《建國方略》，中山大學歷史系孫中山研究室、廣東省社會科學院歷史研究所、中國
　　社會科學院近代史研究所中華民國史研究室合編：《孫中山全集》第6卷，第236頁。
77　《論中國學生同盟會之發起》，《蘇報》1903年5月30日。
78　《警鐘日報》1904年7月2日。

孫中山本人的手筆。審時度勢,他決定先從已有舊式結社的海外華僑入手,目的則在吸引國內知識界和留學界。因此,在與保皇派緊張鬥爭的同時,他對國內知識界十分關注,多次通信詢問上海同人的情況。聽說陳范在橫濱設館聯絡各處志士,即表贊成,還要求國內同志以新誓詞發展黨員。

一九〇四年日本《朝日新聞》報導說:「中國革命黨首領孫逸仙前在布哇密待時機,近往美洲大陸。現時東洋時局,其心所期許者,以俟便歸國,改革中國為共和政體。」「一旦得機,當有風行雷厲之舉動也。」[79]劉成禺回憶道:「甲辰(1904年)先生由日來美,謀開黨之大團結,先生曰:『自《蘇報》鄒容《革命軍》發生後,中國各省已造成士大夫豪俊革命氣象,但無綱領組織,徒籍籌款,附黨於三合會,不足成中國大事也。』乃謀設同盟會,指揮事業。」[80]這清楚地表明孫中山意識到要成就大業,必須團聚各省革命知識分子,統一行動,而不能單靠華僑和會黨。一九〇四年底,正當孫中山赴歐洲組建革命團體之際,國內知識界再度發出呼籲:「欲共和政體之成立,必先增進國民之程度,鼓舞其民氣,統一其主義,同心合一,團結一大團體,以養成我國國民共和政體之資格。」[81]這與次年孫中山在東京對黃興等人所談意見的精神一脈相通。

綜上所述,孫中山從開始革命活動之日起,就重視讀書人的地位作用,隨著知識界革命傾向的增強以及聯合會黨、聯合維新派嘗試的屢次受挫,其倚重態度日益明顯,行動也日趨積極。一九〇三年以後,通過各種管道媒介,孫中山與國內知識界建立起直接間接的聯繫,國內知識分子則普遍加深了對孫中山的認識。結果,孫中山在國

---

79 引自《警鐘日報》1904年4月1日。
80 劉成禺:《先總理舊德錄》,《國史館館刊》創刊號,1947年12月。
81 新中國主人:《論共和政體》,《警鐘日報》1904年12月24日。

內知識界的聲望影響不斷增長，成為革命分子的公認代表。雙方共識增多，互信接納程度加強，為同盟會的成立及革命形勢的發展創造了條件。從此，「秀才造反」在中國有了嶄新的含義，一個由讀書人扮演主角的新紀元拉開序幕。

第十章
孫中山與留日學界

　　同盟會是以留日學生為主體，以孫中山為領袖建立起來的革命團體，它成立於清末留學運動的高峰期和留日學生匯萃的東京，其骨幹大都為學界精英。從孫中山與留日學生關係的發展變化中，可以探測近代中國新知識界一個重要部份的政治動向與組織需求。

一　初期關係

　　一八九八年，清政府正式向日本派遣留學生，孫中山與留日學界的接觸，開始於是年底或次年初。馮自由記：「時孫總理、陳少白、梁啟超先後亡命日本，彼此往還，相與研究革命方略，至為透闢。雲翔偕同學戢翼翬（元丞）、吳祿貞（綏卿）訪之，一見如故，對總理尤傾倒倍至。」[1]這時留日學界人數少，思想程度低。據秦力山回憶：「是時留學界尚不過百十人」，分成南洋官費、兩湖陸軍、湘粵自費、公使官費四部分，分別住在日華學堂、成城學校、大同高等學校、同文書院，「絕無政治上之運動也」[2]。雖然通過彼此交往，特別是與東京高等大同學校學生以及孫中山、梁啟超等政治流亡者的接觸，留學生的政治熱情有所增長，一些人參加了自立軍起義，但漢口

1　馮自由：《革命逸史》初集，第81頁。吳祿貞於光緒二十四年十一月到日本，沈翔雲於一八九九年赴日（《清國留學生會館第二次報告》）。
2　彭國興、劉晴波編：《秦力山集》，第158頁。

失敗使之遭受重創。孫中山與留日學界的關係，主要展開於二十世紀以後。

自立軍失敗後，海內外革新勢力的政治情緒普遍趨於激進化，保皇會內部因「言革」而發生分裂，康門師徒彼此衝突。一批原來屬於維新派的留學生脫離保皇會的營壘及其影響，傾向於排滿革命，與孫中山的交往聯繫逐漸增多。政治方面，一九○二年四月，章太炎等人發起亡國紀念會於東京，孫中山署名為贊成人，親率華僑十餘人自橫濱趕赴東京蒞會。後因日本警方阻止，乃與章太炎等在橫濱補行紀念式。此會發起人多為留學生，在留日學界產生了一定的影響。[3]

---

3 馮自由稱此會「留學生報名赴會者達數百人」，屆時「不約而赴會者有程家檉、汪榮寶等數百人。」（馮自由：《革命逸史》初集，第59-60頁）因而一般認為反響很大。然而，綜合考察，事實並非如此。日本軍部福島安正少將電告清政府：「頃有貴國不良之徒在東設會，將出亡國紀念會之名，誘惑留學生，即由當局者已行嚴辦矣。成城學校學生內有一名稍可疑者，現已飭令退學。其餘學生則知事類兒戲，幾無預聞者。」（故宮博物館編印：《清光緒朝中日交涉史料》卷六六）正在日本考察學務的吳汝綸向管學大臣報告：「前主支那亡國紀念會及傳單等皆犯罪遁亡之張秉林所為，學生無一人在其中。」（《吳摯甫京卿致管學大臣書》，《選報》第25期，1902年8月14日）。另據留日學生監督梁煥奎、京師譯學館提調張緝光等人稱：「頃聞有遁人流寓東瀛者，倡為亡國二百四十二年紀念會，刊有一啟，為各留學生大不謂然。」「日來有友自東洋歸，查悉亡國紀念會惟章、秦二人主之，各留學生多斥其謬。」（上海圖書館編：《汪康年師友書札》（二），第1879、1790頁）。吳汝綸等均系新派人物，言詞間不免有所遮掩迴護。日本方面也唯恐此事影響其吸收中國留學生的通盤計劃，低調處理。而且，因警署干預開會不成，與無人回應畢竟大不相同。但幾位當事人所記則顯然包含留學生的主觀態度。章炳麟《秦力山傳》稱：「余與力山起中夏亡國二百四十二年紀念會，和者雖不廣，亦不怪也。」（章氏國學講習會編：《太炎文錄續編》卷四）秦力山《說革命》記道：「章君枚叔等十人，開亡國二百五十二年紀念會於東京，內地及香港等處志士遙應之，震起國人種族觀念。然而此時學生全體之腐敗，幾乎一落千丈也。」（彭國興、劉晴波編：《秦力山集》，第159頁）。後來他告訴章士釗：「時當庚子之第三年（即光緒二十八年壬寅），中國革命黨人，包括彼與太炎及馮自由輩，無過十餘人，自哀無國，聚而橫議。上野公園內，有西式菜館曰精養軒，顧名思義，以美饌馳名一時，若輩輒蜂擁而往，開會其名，轟飲其實，嬉笑怒罵，無所不至。席間人人手持太炎預草序文一

　　宣傳方面，一九〇〇年，鄭貫一等在橫濱創辦《開智錄》，因是油印，規模稍狹。是年十二月，得到孫中山和橫濱華僑的捐款資助，改用鉛印，影響驟增[4]。一九〇一年五月，東京留學生創刊《國民報》，得到孫中山的經費支持。「留學界宣導民族主義之雜誌，以是為嚆矢。」[5]一九〇三年，東京留學界各省同鄉會創辦的雜誌相繼問世，大張旗鼓地宣傳民主思想和種族意識，其發端則由《湖北學生界》[6]。先是，劉成禺「函約總理會談於東京竹枝園，並邀程家檉、李書城、時功玖、程明超、吳炳樅等相敘，未幾遂有《湖北學生界》之出版。」[7]

　　組織方面，一九〇一年春，留日粵籍學生鄭貫一、馮自由等組織廣東獨立協會，主張廣東向清政府宣告獨立，孫中山予以支持。次年，孫鑒於「中和興中，皆為海隅下層之雄，中國士大夫，尚無組織」，遂與劉成禺、馮自由、程家檉等「開秘會於東京竹枝園飯店，分途遊說各省學生，及遊歷有志人員。」[8]

　　思想方面，拒俄運動前，孫中山已結識了不少留日學界的激進分

通，以志焚巢餘痛，而力山復作寶塔歌一首，其結尾十字句曰：『甚麼亡國會，精養軒一頓。』」（章士釗：《疏〈黃帝魂〉》，中國人民政治協商會議全國委員會文史資料研究委員會編：《辛亥革命回憶錄》第1集，第221頁）當時留日學生總共約四百人，其中辛丑十二月以前到東的共二百七十二人（《日本留學生調查錄》，《選報》第10期，1902年3月20日）從辛丑十二月至壬寅三月間新到者一百三十四人。後一部分官費陸軍生居多，政治傾向保守，數百人赴會的可能性很小。

4　據《開智錄》改良第1、2、3期，該刊得到四十三人及勵志會捐款共一百九十九元。捐款者多為與孫中山、梁啟超關係密切的橫濱僑商，所捐多則十五元，少則一元。其中無名氏三人，隱名氏一人。

5　馮自由：《革命逸史》初集，第82頁。

6　湖南同鄉會的《遊學譯編》創刊早兩個月，但最初純為譯文。以後受其他雜誌影響，才增加論著。

7　馮自由：《中華民國開國前革命史》上編，第49-50頁。

8　劉成禺：《先總理舊德錄》，《國史館館刊》創刊號，1947年12月。

子，如戢元丞、秦力山、沈翔雲、張繼、程家檉、程明超、劉成禺、
馮自由、李書城等，經常向他們灌輸革命思想，「言民族民生之理，
及五權分立，暨以鐵路建國之說。」這些學生又輾轉傳布於同學中，
如黃興、劉揆一等人的反清革命意識，程家檉與李書城「實開其牖，
遂深中於其心。」[9]程明超在湖北懇親會中，曾「聆戢（元丞）君之
演說，頗心志之。」[10]孫中山關於革命程序論的最早構思，也為留學
生口耳相傳。

在孫中山的主導下，興中會與留日學界建立起初步聯繫。惠州起
義失敗後，尤列亡走日本，與孫中山「議定革命進行二種計劃，一聯
絡學界，一開導華僑。」[11]次年春節，留學生團體勵志會開新年慶祝
會於上野精養軒，尤列、翟美徒前往參加。興中會在橫濱組織的中和
堂，時請革命黨名士演講國政，因而常有「留學生足跡」[12]。興中會
機關報《中國報》，還特聘馮自由為駐東通信員，以加強對留日學界
的宣傳報導。亡國紀念會時，《中國日報》代為刊載宣言書，並舉行
紀念式於報館，擴大影響。以後不少留學生歸國途經香港，均在《中
國日報》社寄宿。

孫中山重視留學生，原因之一是他對知識分子在革命中的地位與
作用有清楚的認識。他總結歷史經驗，認為：「歷朝成功，謀士功業
在戰士之上」，「士大夫以為然，中國革命成矣。」[13]孫中山早期專注
於發動起義，對會黨有所偏重，但也懂得不能一味利用，應當因勢利
導，主張「必其聯合留學，歸國之後，於全國之秘密結社有以操縱

9　宋教仁：《程家檉革命大事略》，《國史館館刊》第1卷第3號，1948年8月。

10　《湖北官費學生程明超捕房紀事》，《大陸》第3期，1903年2月7日。

11　馮自由：《革命逸史》初集，第31頁。

12　馮自由：《革命逸史》第3集，第131頁。

13　劉成禺：《先總理舊德錄》，《國史館館刊》創刊號，1947年12月。

之，義旗一起，大地皆應，旬日之間，可以唾手而摧虜廷。」[14]視知識分子為革命的領導。所以，他不但一開始就積極爭取留學生，而且長期把建立革命大團體的希望寄託於此。

　　孫中山對留學生的態度，也與興中會本身的狀況有關。當時保皇派在海外辦有多種報刊，占據了輿論陣地，「革命黨對之，實屬相形見絀。」為此，一八九九年孫中山派陳少白去香港創辦《中國報》。「然因操筆政者，短於歐美新思想，頗不為學者所重視。」[15]迫切需要宣傳鼓動人才，當是孫中山積極爭取留學生的一個直接原因，以後馮自由、劉成禺、鄭貫一等均被推薦為興中會系統報刊的編輯。

　　與此相對照，同樣流亡海外的保皇會首領康有為、梁啟超對留日學生的態度有所不同。康有為專注於向華僑籌款，無論在財政還是宣傳上，留學生似乎無足輕重。梁啟超則變化不定。他少年成名，不免自傲，對後生學子心懷輕視。楊衢雲與梁啟超會談後函告謝纘泰：「康黨素來夜郎自大，常卑視留學生及吾黨。」[16]胡漢民也說：「梁啟超初以能為時文，輕視學界」，「留學界間有發表反對保皇之言論，如《浙江潮》、《江蘇》者，梁亦不以為意。」[17]

　　一九〇一、一九〇三年，梁啟超兩度對留日學界所辦刊物發表評論，並與自己主持的《清議報》、《新民叢報》相比較，儼然以言論領袖自居，俾倪之意，溢於筆端。[18]加上他政治上受制於康有為，對激進學生的言行態度相對消極，如對待亡國紀念會，前後反覆，首鼠兩端。

---

14 宋教仁：《程家檉革命大事略》，《國史館館刊》第1卷第3號，1948年8月。

15 馮自由：《革命逸史》初集，第10-11頁。

16 馮自由：《中華民國開國前革命史》上編，第38頁。

17 《胡漢民自傳》，《近代史資料》1981年第2期，第16-17頁。

18 任公：《本館第一百冊祝辭並論報館之責任及本館之經歷》，《清議報》第100冊，1901年12月21日；《叢報之進步》，《新民叢報》第26號，1903年3月26日。

　　但是，梁啟超有感於變法勤王的慘敗和革命風潮的激蕩，又受孫中山等人的影響，思想一度激進，依違於排滿、保皇之間，對待留學生的態度隨之搖擺不定。《新民叢報》發刊後，報導東京留學生的活動較詳，特別是對一九〇二年成城學校入學事件，詳載經過及各方反應，予以聲援。梁啟超還親自撰寫了《敬告留學生諸君》一文，稱留學生為「最敬最愛之中國主人翁」，指出：在專制政體和外族操縱下，留學生所學政治、法律、經濟、武備等知識技能，毫無用武之地，「某以為諸君之在他日，非有學校外之學問，不足以為用於中國。」希望他們「於求學之外，不可不更求可以施演所學之舞臺。舊舞臺而可用也，則請諸君思所以利用其舊者，舊舞臺而不可用也，則請諸君思所以築造其新者。」[19]鼓動留學生關心時政，參與變革社會的政治活動。

　　關於梁啟超傾向激進的動機，眾說紛紜，莫衷一是。有一點則為公論，即其啟蒙宣傳起到啟迪民智，傳播民主思想，激發國民主體意識和反清情緒的巨大作用。國內許多青年更新觀念，進而轉向革命，都是從閱讀《新民叢報》開始。由於清政府對革命、革政一律鎮壓，使得發蒙未久的青年無法區分，紛紛接受梁啟超的新民說，甚至不斷因此演出激烈舉動。許多學界風潮的潛因導索，即校方「禁學生閱一切新書及《新民叢報》等」[20]。在留日學界，梁啟超也有一定影響。李書城回憶道：「那時梁啟超正在橫濱創辦《新民叢報》，主張君主立憲，留學生中附和者不少，弘文學院學生亦多對梁啟超表示崇敬。」[21]清駐日公使報告說：「溯自康、梁毒焰銷息以來，其捕逃潛匿日本，

19　林志鈞編：《飲冰室合集‧文集》之十一，第22頁。

20　《南洋公學學生出學始末記》，《政藝通報》，壬寅第20期，1902年7月19日。

21　李書城：《辛亥前後黃克強先生的革命活動》，中國人民政治協商會議全國委員會文史資料研究委員會編：《辛亥革命回憶錄》第1集，第180頁。

為所包庇者，指不勝屈，類皆竊其餘唾，巧肆簧鼓，借合群之義，而
自由之說日橫，醉民主之風，而革命之議愈肆。各省聰俊子弟，來茲
肄業，熟聞邪說，沾染日邦惡習，遂入歧邪，竟有流蕩忘返之勢。」[22]

　　不過，留日學生不像內地青年那樣對梁啟超盲目崇拜，他們可以
直接接觸各種近代西方社會政治學說，對照比較之下，發覺梁啟超的
文筆雖引人入勝，學理卻不免淺薄。在國內許多地方，新民說幾乎是
唯一的新思想，而在日本，它只是一般公理或一種學說的翻版。早在
一九〇〇年，沈翔雲等就著文批駁張之洞將「人人有自主之權」，「流
血以成大事」，「不受朝廷壓力」等「世界公理新學，一切臆斷，疑為
康、梁之說」，明確指出：「公理之於地球，猶衣食之於身，不可一日
無者。乃歐西諸名士，竭畢生之力以發明之。公一旦盡舉而歸之康、
梁，且目為康、梁之唾餘，毋亦太重視康、梁，而自安固陋矣！」[23]

　　外部世界的嶄新規範為留學生提供了變革現狀的有力依據。當清
廷密探指留學生的言行「不外《新民》、《清議》二逆報之宗旨」時，
留學生反駁道：「推崇二報毋乃太過」[24]。有人還公開發表評論說：
「吾聞今吏之殺人者矣，滿口極罵，不以為大逆，即以為惑眾，又不
問其人之何宗旨，何來歷，何所事，何所言，輒曰：『此康黨！此康
黨！』康黨二字竟若為今日新黨之代名詞，受之者抑何冤。」[25]因
此，他們比較容易擺脫康、梁的精神影響，超越保皇派的政治主張。

　　保皇會內部的分化，加快了留日學界的轉化。自立軍失敗後，保
皇會的內部分歧演變為公開分裂，表現之一，脫險歸來的留學生紛紛
轉向革命，靠攏孫中山。除秦力山外，原為梁啟超的學生而加入革命

22　《蔡星使鈞致外務部書》，《新民叢報》第5號，1902年4月8日。

23　《覆張之洞書》，《中國旬報》第35期，1901年1月15日。

24　《劉雲龍》，《湖北學生界》第4期，1903年4月27日。

25　《嘉興演說會解散事》，《浙江潮》第6期，1903年8月12日。

黨者，有馮自由、馮斯欒、鄭貫一、蘇子谷、李自重、馬君武等人。
支那亡國紀念會的十位發起人中，陳猶龍、朱菱溪、周宏業、李群、
秦力山、馬君武原屬康、梁一派，其餘四人也與康、梁關係密切。唐
才常的兄弟唐才質、兒子唐蟒均公開脫離保皇派，加入反清革命行
列。後來孫中山即以「梁之門人之有革命思想者，皆視梁為公敵、為
漢仇」[26]為證，揭穿其所謂「名為保皇、實則革命」的欺騙性。

　　表現之二，是康、梁之間的分歧。梁啟超所辦《新民叢報》，「隱
然附和《國民報》之宗旨，亦頗言民族主義。」[27]康門弟子韓文舉、
歐榘甲等同聲回應，致使康有為如「大病危在旦夕」[28]。保皇派的組
織分化，是其政治主張動搖的表現。梁啟超明確宣稱：「今日民族主
義最發達之時代，非有此精神，絕不能立國。」「而所以喚起民族精
神者，勢不得不攻滿洲。日本以討幕為最適宜之主義，中國以討滿為
最適宜之主義。」[29]所以胡漢民後來說：「平心論之，梁氏壬寅歲首之
《新民叢報》，其學術各門，雖不免於剿襲，而鮮出心裁，然其所持
主義，則固由黑暗而進於光明。」[30]當然，梁啟超順應庚子後海內外
反清情緒高漲的潮流，以鼓吹民主、反對專制而張大聲勢，一旦退
卻，影響勢必衰落。

　　一九〇二年以前，留日學界雖然出現過主張排滿的《國民報》，
普遍傾向還不是革命。一九〇六年章太炎在東京留學生歡迎會上說：

---

26 《敬告同鄉書》，廣東省社會科學院歷史研究室、中國社會科學院近代史研究所中
　　華民國史研究室、中山大學歷史系孫中山研究室合編：《孫中山全集》第1卷，第
　　231頁。

27 漢民：《近年中國革命報之發達》，《中興日報》1909年1月19日。

28 1903年4月15日《與勉兄書》，丁文江、趙豐田編：《梁啟超年譜長編》，第320頁。

29 光緒二十八年四月《與夫子大人書》，丁文江、趙豐田編：《梁啟超年譜長編》，第
　　286頁。

30 漢民：《近年中國革命報之發達》，《中興日報》1909年1月19日。

「壬寅春天，來到日本，見著中山。那時留學諸公，在中山那邊往來，可稱志同道合的，不過一二個人。其餘偶然來往的，總是覺得中山奇怪，要來看看古董，並沒有熱心救漢的心思。」[31]《大陸》雜誌曾將一九〇五年以前的留學生分為三個時期，第一期（1902年以前）「或唱革命，或唱憲政，或隱伏不出，或運動官場，大約以後者為最多。」[32]

自立軍起義失敗後，留學生一度情緒激憤，決心繼承死難者的遺志，組織勵志會，「間有狂暴放恣，毫無檢束，且醉心民權之說者」。駐日公使李盛鐸歸國覲見時奏稱：「若不加以轄制，日後必至不可收拾。」[33]但不久清政府下詔實行新政，一些地方督撫也羅致留日學生舉辦各項事業，勵志會員為之所動，留學生對清廷產生幻想或為利祿所誘，政治上轉趨平和。秦力山等發刊《國民報》，鼓吹民族主義，擬「開一國民會以救其腐敗，卒至不能成立而罷。」[34]次年初，留學生為挽回政府感情，運動新任公使蔡鈞，成立清國留學生會館於東京九段阪偕行社，公舉蔡鈞為會長。[35]同年四月的亡國紀念會，在處於政治低谷的留日學界未能激起普遍反響。後來《大陸》雜誌評論道：「吾嘗親歷留學生間，觀其行事，按其言論，要猶是中國人之恒性已耳。」卒業後，「或竊附科階，為宗族交遊光寵之計者有之，或曲阿權要，為肥其一身一家之計者有之」，「其能於里黨之間，稍集同志，開演說會，設蒙學堂，譯小篇數種流傳近邑者，已為豪傑之士。」[36]

留日學界政治熱情的普遍高漲，開始於一九〇二年六月的成城學

31 湯志鈞編：《章太炎政論選集》上冊，第269-270頁。

32 《日本留學界之片影》，《大陸》第2年第6號，1904年8月1日。

33 《詆誹遊學》，《新民叢報》第10號，1902年6月20日。

34 彭國興、劉晴波編：《秦力山集》，第159頁。

35 《中國留學生新年會紀事》，《新民叢報》第5號，1902年4月8日。

36 《離合篇》。《大陸》第8期，1903年7月4日。

校入學事件。當時兼任上海出洋遊學生招待會留東經理的留日學生吳稚暉（敬恆），因保送自費生入成城學校學習軍事，與清駐日公使蔡鈞發生衝突，蔡招日本員警將吳拘捕並遣返回國。押解途中，吳「欲以一死喚醒群夢，起國民權利思想」[37]，遂自沉於河，幸而獲救。「自吳、孫兩君之見放，國恥觀念益湧起於學生人人之胸中。吳君出行之日，侵晨六點鐘，學生群集新橋驛（東京之火車站）相送者數百人。」此後，東京留學生會館「日日集議」[38]，電請清廷撤換蔡鈞，並有百餘人棄學歸國，以示抗議。這是留日學界第一次大規模的政治行動，留學生普遍參加到鬥爭行列中來。秦毓鎏等人「以此事大辱國體，大失國權」[39]，復入公使館懇請蔡鈞出面力爭，亦為其招日警拘捕。

目睹政府代表的喪權辱國，留學生產生了強烈的反抗情緒。同時，「是歲國內風氣大開，學生之新至者數百；又加之以上海南洋公學之風潮，其中退學以自費來者，尤為錚錚鐵鐵。」[40]一批思想激進，熱衷於社會政治活動的活躍分子在留日學界聚合起來，他們關注時政，對各種社會事務積極表態，發揮影響，使留日學界的政治激情不斷強化。東京留日學生的第一個革命團體青年會，遂應運而生。

然而，這時留日學界尚無明確的宗旨主張，「思想無統系，行動無組織，保皇黨之餘波，立憲派之濫觴，亦參雜於其間。」[41]一些人雖然接受或贊同排滿革命觀念，卻不敢付諸行動。青年會因「揭櫫民族主義，留學界中贊成者極為少數，欲圖擴張，至為不易。」[42]而清政府為推行新政，積極籠絡留學生，對留學界政治熱情不斷增長的趨

---

37 《附記一則》，《新民叢報》第13號，1902年8月4日。
38 《國聞短評》，《新民叢報》第14號，1902年8月18日。
39 《蔡使第二次要求員警入署拘捕學生始末記》，《新民叢報》第14號，1902年8月18日。
40 彭國興、劉晴波編：《秦力山集》，第159頁。
41 《胡漢民自傳》，《近代史資料》1981年第2期，第8頁。
42 馮自由：《革命逸史》初集，第104頁。

勢未予警覺，因而處理亡國紀念會和成城入學事件時，採取息事寧人的態度。癸卯（1903年）新正初二團拜大會的排滿演說，激成風潮，滿族學生聚議激烈、和平、長治久安三策，請殺漢人並禁漢人學習陸軍員警，「作書三百餘通，告各省滿洲大員之自愛其種」[43]，清政府亦未採納，以免進一步激化矛盾。因此，留學生參加或附和突發事件者相當踴躍，具備堅持日常革命活動的決心毅力者卻為數不多，政治情緒起伏很大。

　　這個階段孫中山爭取留日學生的目的有三，一從事宣傳，二領導會黨，三革命成功後進行建設。在留學生人數尚少，政治傾向複雜而不穩定的情況下，還不可能以此為建立革命大團體的基礎。一九〇二年孫中山離日赴河內，直到次年七月才返回，剛好錯過留日學界風潮湧動的良機。所以他在一九〇五年留學生歡迎大會上，面對人群攢動的熱烈場面，撫今憶昔，感慨地說：「鄙人往年提倡民族主義，應而和之者，特會黨耳，至於中流社會以上之人，實為寥寥。」[44]由於對一九〇三年以前留日學界的政治狀況估價過高，相形之下，孫中山反而顯得消極被動，一些論者因而指責其對留學生重視不夠，沒有在留學界積極發展組織。其實更多的倒是留學界的消沉限制了孫中山努力的效果。而留日學界最終皈依革命黨而非倒向保皇派，除大勢所趨的客觀因素外，孫中山與康、梁主觀態度的不同也是重要原因。

二　失之交臂

　　一九〇三年的拒俄運動，以《蘇報》高揭排滿大旗為契機，從愛

43　《滿洲留學生風潮》，《選報》第51期，1903年5月10日。
44　廣東省社會科學院歷史研究室、中國社會科學院近代史研究所中華民國史研究室、中山大學歷史系孫中山研究室合編：《孫中山全集》第1卷，第282頁。

國發展為革命，成為留日學界轉向革命派及接近孫中山的新起點。新年伊始，留日學生的政治熱情就持續高漲。一批激進分子利用各種機會，鼓動帶領同學參加愛國反清活動。舊曆元旦團拜大會拉開鬥爭序幕，馬君武「登壇力數滿人今昔之殘暴，竊位之可惡，誤國之可恨。」在座五六百名同學鼓掌支持。繼而樊錐上臺鼓吹「滿漢同種」，「滿堂寂然無和之者」[45]。這是留日學界革命傾向明顯增強的突出表現。

三月，秦毓鎏等人赴大阪參觀博覽會，見日本主辦者將中國福建省物品置於臺灣館內，認為「即以福建比臺灣也，國恥之大，孰有甚於此者！」[46]呼籲清政府駐日本的各級外交代表出面交涉。清朝官吏一味敷衍，與充滿近代國家民族和國民主體意識的留學生形成尖銳對立。秦毓鎏等人大失所望，致電東京同學推舉代表前來力爭。日本當局懾於學生群起反對，乃將物品移放四川陳列所。

四月，成城學校召開運動會，留學生以會場上「高懸各國國旗，獨中國龍旗無之」[47]，日方且稱「中國已降為各國保護國」[48]，不能與獨立國平等升旗，集合校內外中國學生三百人演講國恥，相率抵制。在此之前，留學生還曾聯絡大阪、神戶僑商抵制博覽會所設人類館醜化中國風俗，侮辱中國人格；弘文學院中國留學生則發動退學風潮，反對校方新訂規則意在斂錢。四月底，日本報載桂撫王之春擬借法兵鎮壓廣西會黨起義，留學生聞之大震，五百餘人聚會於錦輝館，通電反對。

---

45 《滿洲留學生風潮》，《選報》第51期，1903年5月10日。此事很可能是梁啟超布置的雙簧，目的在於測試人心向背，以便說服康有為盡快確定宗旨。

46 《日本大阪博覽會中國福建出品移出臺灣館始末記》，《江蘇》第1期，1903年4月27日。

47 《成城學校運動會補懸龍旗事件》，《浙江潮》第4期，1903年5月16日。

48 《成城學校留學生罷運動會》，《湖北學生界》第4期，1903年4月27日。

　　留學生會館及各省同鄉會，在吸引同學參加社會活動方面起了積極作用，激進分子利用這一紐帶，動員組織，能量倍增。有充當清廷耳目的學生密報：「自入學院後，見同學諸友皆有以天下為己任之慨，……時而倡革命之說，時而慕流血之舉，時而贊自由平等之如何文明，時而議團體接派之如何組織，痛罵我國之政府，妄詆當路之公卿。或五日一會議，或三日一會議，或充總會頭，或充鄉會首，設職員，舉幹事。聚會之時，並未參互學業之得失，競持笑罵之空談。有稍持純正之說者，則群起屬辯，抑制不准啟齒。」各省同鄉會機關刊物也不斷發表激烈言論。受其影響，留學生「皆不以課業為亟務，且云我輩到東，非為學而來，為我國民而來也。若第拘之於學業，則令學成歸國，不過養成奴隸性質，以備受人驅使而已。」[49]拒俄運動正是在這種高漲的政治熱情驅使下掀起高潮。

　　癸卯新正初二的排滿演說，雖然反映出留日學生對清王朝的普遍不滿與仇視，但還不能立即公開與之決裂。所以，拒俄運動初起，留學生編組義勇隊、學生軍，成立軍國民教育會，派遣代表向清政府請願，目的在於拒俄，性質純屬愛國。然而，清廷誣指學生「名為拒俄，實則革命」，予以嚴厲鎮壓。當運動瀕於絕境時，章士釗、章太炎等人發表革命排滿檄文於《蘇報》，將運動引向反清。東京留學生刊物對《蘇報》的呼籲反應強烈，認為是「最富於種族思想之報紙。而《革命軍》一書，則喚醒民族主義之鐘聲也。」[50]並大聲疾呼：「滿珠王氣今已無，君不革命非丈夫！」[51]《蘇報》案發生及特派員請願失敗後，激進分子對清政府的最後寄望終告破滅，七月五日，秦毓鎏等十五人發起要求改軍國民教育會宗旨為「養成尚武精神，實行民族

49　《劉雲龍》，《湖北學生界》第4期，1903年4月27日。

50　《逮捕政策之裡面》，《江蘇》第4期，1903年6月25日。

51　季子：《革命其可免乎》，《江蘇》第4期，1903年6月25日。

主義」[52]。至此，留日學界的反清情緒公開轉化為結社行動。

孫中山是二十世紀初中國革命黨的代表形象，留日學生由愛國轉向革命，必然以其為皈依。正如章士釗所說：「二十世紀新中國之人物，吾其懸孫以為之招，誠以其倡革命於舉世不言之中，爭此不絕如發之真氣，深足為吾國民之先導。」堅信「第一之孫起，當有無量之孫以應之。」[53]前此，由於興中會宣傳不力，知曉孫中山生平思想者為數不多。拒俄運動後，出現了一批宣傳孫中山的書籍，如章士釗譯《孫逸仙》，金一（松岑）譯《三十三年落花夢》，田野桔次著《最近支那革命運動》等，《江蘇》、《大陸》、《警鐘日報》、《國民日日報》、《中國白話報》、《廣東日報》、《二十世紀大舞臺》等報刊，或以傳記形式介紹孫中山的宗旨活動，或不時登載其文章、通信，報導有關言行。留學生的《江蘇》雜誌刊登國學社《三十三年落花夢》告白，稱孫中山為「支那革命大豪傑」[54]。秦力山為《孫逸仙》作序，對其推崇備至。這使孫中山在中國知識界的知名度大為提高。「於是熱烈之志士，時時有一中山先生印象，盤旋牢結於腦海，幾欲破浪走海外從之。」[55]黃興一九〇四年重返日本後尋求宮崎寅藏幫助，就是因為讀了《三十三年落花夢》[56]。

與此相反，梁啟超政治上急劇倒退，使其在與時俱進的愛國青年中的影響驟然衰落。拒俄運動由愛國激變為革命，為梁啟超始料不及，一變從前的鼓勵支持為大加責難。他抱怨道：「自東京學生運動

---

52 馮自由：《革命逸史》初集，第111頁；《特派員之還東》，《浙江潮》第6期，1903年8月12日。

53 黃中黃：《孫逸仙》，中國史學會編：《中國近代史資料叢刊・辛亥革命》（一），第100頁。

54 《江蘇》第7期，1903年10月20日。

55 張難先：《湖北革命知之錄》，上海，商務印書館，1946年版，第103頁。

56 陳鵬仁譯著：《孫中山先生與日本友人》，臺北，大林出版社，1973年版，第194頁。

之義倡，不能損滿洲政府一分毫，而惟耽擱自己功課。或鼓其高志，棄學而歸，歸而運動，運動而無效，無效而懼喪，懼喪而墮落，問所贏者幾何，曰廢學而已。」認為民氣太盛，要「斂之使靜」，並批評留學界報刊競相鼓吹種族革命，「一年以來，東京學界之雜誌，彬彬輩起，突飛進步。然跡其趣旨，似專以鼓氣為唯一法門。此傾向日甚一日，其發論之大軼於常軌者，往往有焉矣。」[57]留學生撰文批駁道：「且梁子生平為文，亦豈有他長哉，不過在他人一言可了者，彼則刺刺不休，重複雜沓，以盈其篇幅耳。」「若《新民叢報》、廣智書局等，固翊翊以葛蘇士輩大豪傑之事業自比，而天下亦謬認之者也。今若此，其欺騙之工，賊害之甚，吾雖欲為當事者諱，吾安得不為天下正告之乎？」[58]

　　一九〇三年底，梁啟超從美洲返回日本，看到「留學界及內地學校因革命思想傳播之故，頻鬧風潮」，認為「無限制之自由平等說，流弊無窮」，因而「不欲破壞之學說深入青年之腦中」[59]，公開反對共和革命。其逆流而動之舉，為留學生所不齒。陳天華駁斥將留學生的激進言行歸之於「康、梁之黨」的陳詞濫調說：「夫康、梁何人也？則留學生所最輕最賤而日罵之人也。今以為是康、梁之黨，則此冤枉真真不能受也。」[60]《江蘇》雜誌更公開號召：「寧為革命鬼，毋為立憲狐。」[61]留學生對梁啟超的指名批判，是前所未有的新氣象，既有助於清除其在留學界的影響，也配合了孫中山對保皇派的反攻。

　　留學界的革命分子與孫中山由思想共鳴到組織結合之間，還有過獨立組建團體的嘗試。軍國民教育會成立不久，派遣黃興等運動員歸

57 《答飛生》，《新民叢報》第40、41號合刊，1903年11月2日。

58 今世楚狂：《論廣東舉人梁啟超書報之價值》，《大陸》第7期，1903年6月5日。

59 《蒞報界歡迎會演說詞》，林志鈞編：《飲冰室合集・文集》之二十九，第3頁。

60 陳天華：《覆湖南同學諸君書》，《蘇報》1903年6月14日。

61 《江蘇》第6期，1903年9月21日。

國，原計劃是籌集經費，聯絡團體。由於清政府鎮壓愛國運動，合法
活動的條件不復存在，黃興、楊毓麟等人遂轉而籌畫起義暗殺。軍國
民教育會會員「以滿虜甘心賣國，非從事根本改革，決難自保，於是
紛紛歸國，企圖軍事進行。」[62]他們與國內激進人士相結合，一面辦
報印書，鼓吹排滿革命，一面建立組織，實行武力反清，產生了華興
會、光復會、科學補習所、岳王會等小團體。其中最有代表性的是華
興會。

　　華興會成立於湖南長沙，成員多隸湘籍，而入會的留日學生不限
於湖南一省，如秦毓鎏（江蘇）、葉瀾（浙江）、張繼（直隸）、翁
浩、鄭憲成、林獬（以上福建）、金華祝、周維楨、張榮楣、萬聲揚
（以上湖北）、蘇子谷（廣東）等。他們在會中起到骨幹作用。華興
會會員多達五百人，其中不少是省垣明德、經正、實業等學堂學生，
而歸國留學生則擔任各校教職。華興會所設總機關東文講習所及聯絡
機關作民譯社，主持人亦為留日學生。在留日學生的主導下，華興會
能夠破除畛域之見，力爭發動全國大起義。立會之初，黃興即要求會
員「對於本省外省各界與有機緣者，分途運動，俟有成效，再議發難
與應援之策。」[63]以後，華興會在滬設立聯絡機關，派人前往鄂、
皖、浙、贛、川、桂等省聯絡同志，期於一省發難數省回應。

　　黃興等人具有如此見識抱負，既得益於傳統士人天下觀的薰陶影
響，又是留學生國民國家觀念日臻完善的表現。一九〇二年後，留學
生認識到，「非合群策群力結一大團體，斷不能立於生存競爭之惡風
潮中。但大團體由小團體相結而成，故愛國必自愛鄉始」[64]，相繼發

---

62 馮自由：《革命逸史》第5集，第61頁。

63 劉揆一：《黃興傳記》，中國史學會編：《中國近代史資料叢刊・辛亥革命》（四），
　　第277頁。

64 《湖北同鄉會成立緣起》，《湖北學生界》第1期，1903年1月29日。

起建立各省同鄉會，並且聲明：「非敢自相畛域也，實智力之小，尚未足以謀遠大也。」[65]儘管如此，不久也弊端叢生，「神田之留學生會館，不和之氣，撲人眉宇，同鄉桑梓之稱謂，塞於耳鼓」[66]，於是很快有人出來呼籲：「拔省會之精英而建為統一會」，消除省界，注重國界，共組「各省協會」[67]。拒俄運動興起後，鄒容「憤中國學生團體之不堅，毅然創一中國學生同盟會」，計劃各省設總部，各府縣設分部，「以鏖戰於中國前途競爭逼拶之中者也」，表現了以拯救全中華為己任的胸襟氣度。正如《蘇報》所說：留學生「以留居東京，多生無窮之感情，多受外界之刺激，故苟非涼血類之動物，殆無不有國家二字浮於腦海者。」[68]他們組織的義勇隊和軍國民教育會，不僅不受省界限制，而且打破民族隔閡，以全體國民代表自認，滿族學生亦可報名入會。

　　拒俄運動轉向革命後，留日學生進一步分化，對於為數有限的革命分子而言，使之聯繫聚合的不是地緣鄉誼，而是反對清朝統治的共同志向。發起改變軍國民教育會宗旨的十五人分屬江蘇、福建、浙江、四川、湖南、安徽、江西等七省（陳定保原屬《新民叢報》社，省籍不明，其兄陳定友與陳去病交善），參加華興會的留日學生也來自多個省份。當然，不排除華興會中某些人（如劉揆一）地域觀念較濃厚，但該會成員湘籍居多，因而帶有地域色彩，則不是主觀上的畛域之見造成，而是客觀環境的局限使然。

　　華興會的致命弱點在於沒有完整綱領和嚴密組織，除仿照日本軍制設立指揮機關外，本身幾乎無系統的組織機構可言。與該會關係密

65　《湖北調查部記事敘例》，《湖北學生界》第1期，1903年1月29日。

66　《離合篇》，《大陸》第8期，1903年7月4日。

67　《非省界》，《浙江潮》第3期，1903年4月17日；《東京來函續錄》，《蘇報》1903年4月17日。

68　《論中國學生同盟會之發起》，《蘇報》1903年5月30日。

切的武昌科學補習所,更是公開設立的業餘學校。它們或是應付起義的臨時編制,或是同志聚會的外在掩護,缺少恒定的近代結社形式,不能滿足知識界的組織需求。這就為留學生與孫中山結合,建立全國大團體產生了驅動力。

　　一九〇三年留日學界風雲變幻的大好時機,因孫中山遠赴安南而錯失。七月下旬,孫中山返抵橫濱,到九月二十六日離日赴檀香山,前後滯留日本二月餘。在此期間,他與留學生頻繁接觸,據馮自由記:「各省留學志士先後訪謁總理者,有程家檉、劉成禺、葉瀾、程明超、吳炳樅、馬君武、楊守仁、姚芳榮、李自重、胡毅生、桂少偉、伍嘉傑、黎勇錫、區金鈞、盧牟泰、郭健霄、劉維燾、饒景華、李錫青、盧少歧、朱少穆、廖仲愷、張崧雲等數十人。」「一時京濱道上往還頻繁,總理所居,座客常不空也。」[69]孫中山還囑託他們「物色東京同學之有志者,參加結社,以待時機」[70],又設立軍校,組織自費生有志於軍事者入校學習。這時留日學界的狀況已有很大改變,「為革命風潮最盛時代,主革命論者大占多數,非革命論者幾不齒於同類。其人愈後至者愈激烈,專以運動秘密為職志,不喜入校。」[71]而且經過軍國民教育會倡改宗旨的風波,反清革命已呈公開化,孫中山又久懷「號召各省同志組織革命大集團」的計劃,卻沒有與留日學生共組團體,究其原因,不外以下幾點:

　　一、「鑒於已亥秋與梁啟超聯合組黨計劃之功敗垂成,遲遲未敢著手。」[72]加上興中會的海外陣地多為保皇會奪占,以致孫中山抵檀香山時大有今非昔比之慨。其當務之急,乃是反擊保皇黨,恢復和鞏

69　馮自由:《革命逸史》初集,第133頁。

70　胡毅生:《同盟會成立前二三事之回憶》,馮自由:《革命逸史》第5集,第36頁。

71　《日本留學界之片影》,《大陸》第2年第6號,1904年8月1日。

72　馮自由:《革命逸史》第4集,第18頁。

固興中會在華僑中的聲望影響，為建立革命大團體創造條件。沒有興中會對保皇派的勝利，留學生難以看到以孫中山為首的革命黨的力量，孫中山及興中會也很難擺脫活動和財政上的窘境。本來孫此行準備前往布哇省親，原計劃八月八日離日，因旅費不足，遷延兩個月之久。最後還是向黃宗仰挪借二百元，方能成行。在東京時，孫中山「遍覓舊同志，無一見者，心殊悵悵，故有一走九州之意，又以資不足，不果」，令其「大有今昔之感也」[73]所以後來他從布哇函告平山周：「以經濟困難，退守此以待時機耳。」[74]一貫困擾興中會的財政難題，再度使孫中山情緒低落。

　　二、當時留日學生統共不過千人，以省計，陝西、山西各一人，廣西二人，貴州七人，河南八人，山東十人，雲南十一人，川、贛、皖等省不過二三十人[75]，而且政治傾向不一，堅決反清革命又願意加入秘密組織者為數不多，即使組黨，也難以達到預期目的。留日學生參加軍國民教育會以及捐款者雖達五百人，但該會性質為愛國，方針為運動政府。七月五日大會上，秦毓鎏等發起改變宗旨，保守怕事者當即退會，引起大分裂，導致組織解散。前車之鑒，孫中山不能不有所顧忌。

　　三、孫中山抵日時，留學生中的不少革命分子已相繼歸國，留在日本者則因活動屢被清廷密探告發而轉入地下。《江蘇》第五期載文

---

73 《致宮崎寅藏函》，廣東省社會科學院歷史研究室、中國社會科學院近代史研究所中華民國史研究室、中山大學歷史系孫中山研究室合編：《孫中山全集》第1卷，第218頁。

74 《致平山周函》，廣東省社會科學院歷史研究室、中國社會科學院近代史研究所中華民國史研究室、中山大學歷史系孫中山研究室合編：《孫中山全集》第1卷，第218頁。

75 《敬上鄉先生請令子弟出洋遊學並籌公款派遣學生書》，《浙江潮》第7期，1903年9月11日。

總結道：「夫革命而昌言於道，演說於市，報告於冊，簽名於籍，攝影於片，惟恐人之不速曉，乃國民未有經驗，亦其中過渡之一階級。至於實行之頃，有不得不用秘密之運動者矣。」[76]所以，軍國民教育會解散後，留日學生的政治活動不再見諸報端。而「新組織之暗殺黨」，亦「尚無成績」[77]。

四、留學生從轉向革命到心悅誠服孫中山，需要一個過程。他們普遍自視甚高，認為對於腐朽的上層社會是「革新之健將」，而對蒙昧的下層社會則為「指向針」[78]。「是留學界者，對乎外為全體國民之代表，對乎內為全體國民之師資，責任之重，無有過於是者。」[79]輿論的推崇讚譽，也加重了他們的自負心理。直到一九〇五年留日學生歡迎孫中山時，仍有人表示：「人不可失自尊心也，孫君英雄，吾獨非英雄乎？若之，何其崇拜之也？」[80]加上這時留學生尚未認識到革命綱領理論的重要性，青山軍校成員沒有切實宣傳孫中山的新訂綱領，其中一些人參加其他團體的活動時，也未輾轉傳授，因而還不能視孫中山為理想的領袖。

就主客觀兩方面論，一九〇三年成立革命大團體的條件都不夠成熟。留學生對革命宗旨的認同要發展為和孫中山組織結合，還須假以時日，等待良機。或許有感於拒俄運動的大好時機擦肩而過，秦力山、戢元丞等人參與其事的上海新智社有意識地翻譯出版田野桔次的《最近支那革命運動》，在呼籲孫中山「宜自重」的同時，寄大希望於中國留學生，「夫學生既抱才能，必有懷革命的思想之大人物，憂

---

76 壯遊：《國民新靈魂》，《江蘇》第5期，1903年8月23日。

77 彭國興、劉晴波編：《秦力山集》，第159頁。

78 李書城：《學生之競爭》，《湖北學生界》第2期，1903年2月27日。

79 《教育通論》，《江蘇》第4期，1903年6月25日。

80 過庭：《紀東京留學生歡迎孫君逸仙事》，《民報》第1號，1905年11月26日。

祖國之滅亡，欲起而振作者」，呼喚留學界出現「偉大之革命家」[81]。

三　翹首以待

　　一九○二至一九○四年，國內學界反抗專制的風潮此起彼伏，接踵不斷，波及全國十幾個省份的各級各類學堂。清政府對此極為不安。張之洞視察京師大學堂時，「在座中所論，深以學界風潮為憂，謂庚子時此風尚不過漢滬一隅，乃不過三年，已遍大陸，可畏實甚。」[82]到一九○四年底華興會起義失敗及萬福華事件後，國內政治風潮漸趨平靜。《大陸》雜誌載文《革命獄與謀刺案之影響》論道：「湖南革命獄始興，學界驟為之謞，上海謀刺案繼起，政界大為之驚，……連日樞府與管學大臣互謁密商，頗聳觀聽。各學堂學生驕態銳減，有失其常度者。」[83]在高壓與腐敗的雙重刺激下，一九○四年底至一九○五年再次出現國內激進學生的東渡熱潮。許多拒俄運動中歸國的留日學生在國內無法立足，也紛紛重返日本。兩年內留日學生總數從一千三百人激增至八千六百人，除甘肅外，各省均有大批學生留日。本來清政府派遣留學生，意在鞏固和改善其統治基礎。然而，數千中國學生聚集日本，在東京形成一個政治活動中心，為同盟會的成立提供了有利條件。

　　一九○三至一九○四年初，留日學生的革命傾向一度有所削弱，原因之一，激進分子大都歸國運動革命，各省同鄉會所辦刊物又相繼停刊，因而影響了對留學界本身的宣傳。原因之二，大批新到學生良莠不齊，特別是清政府所派學習政治、警務者，多為保舉的官紳，名

81　田野桔次：《最近支那革命運動》，第117頁。

82　《籌論停科》，《新民叢報》第34號，1903年6月24日。

83　《大陸》第2年第12號，1905年1月25日。

為學生，實則遊歷，使留學生的成份發生較大改變。一九○四年，僅在東京法政大學速成科就讀的官紳即達三百人，占留日學生總數的十分之一[84]。「其遊學也，多含有保舉之目的，故人類不齊，棍騙及宿娼之事，所在多有。」[85]《大陸》雜誌說：「三期為官費生最多時代，如山東，如兩湖，如四川，動派數百人，其人非紈絝即腐儒，大都捨圖功名富貴以外無他志。」[86]一九○三年底俄事風雲再起時，留日學生仍有二百人集會，準備重編義勇隊。而日俄開戰後，「東京留學生之歸國者接踵於途，其在留者則足不敢出戶，迥異曩昔者慷慨激昂奔走號召之態矣。」[87]連清駐日公使也說：「近年此間留學生多知向學，較前安靜。」[88]這種情形引起國內一些報刊的尖銳批評。

然而，留學生身處海外，耳濡目染文明社會風尚和自由民權思想，有感於時事的刺激，國家民族意識迅速增強。一九○四年，國內收回利權運動興起，留日學生遙為響應，如反對湘紳張祖同私售開濟輪船公司與日人事，皖撫聶緝規出賣皖省十五州縣礦產事，粵漢鐵路廢約事，嚴拒德國要求江蘇獅子山作練兵場事，潮汕鐵路案，川漢鐵路自辦事，峻拒法人要求在蒙自等地設立民政廳事，俄兵在滬殺害周生有案等，或通電抗議，或募捐籌款，發揮了重要作用。當時編有《東京留學》歌唱道：「留學生留學生，光輝燦爛留學生，少年人少年人，文明古國少年人。祖國有我生顏色，為國為民是天職。我為祖國增光榮，敬業樂群進無窮。」[89]

---

84 《出使日本大臣楊樞仿效日本設法政速成科學摺》，故宮博物館編印：《清光緒朝中日交涉史料》卷六八，第34頁。

85 彭國興、劉晴波編：《秦力山集》，第159頁。

86 《日本留學界之片影》，《大陸》第2年第6號，1904年8月1日。

87 《留學生之狼狽》，《大陸》第2年第2號，1904年4月5日。

88 《駐日欽使電告日本留學生情形》，《大陸》第3年第3號，1905年3月30日。

89 《新民叢報》第3年第3號，1904年8月25日。

　　不過，由於學生成份改變，立憲傾向重新抬頭。胡漢民曾對這個時期留日學界的狀況做過一番概括描述：「其時學生全體內容至為複雜，有純為利祿而來者，有懷抱非常之志願者，有勤勤於學校功課而不願一問外事者，有好為交遊議論而不悅學者，有迷信日本一切以為中國未來之正鵠者，有不滿意日本而更言歐美之政制文化者。」「雜糅以上種種分子，而其政治思想則可大別之為『革命』與『保皇立憲』兩派，而其時猶以傾向『保皇立憲』者為多。」[90]

　　對於留學生的愛國行動，清政府故技重施，駐日公使指為「好事之徒」，「不過借公憤以博名譽」，雖然礙於「此間無治外權，不能查究」，仍「設法勸阻」[91]。留日川生為爭取川漢鐵路自辦，集議三日，籌款三十萬金，作書呼籲全蜀父老同胞起而爭路權，以免「全蜀將為東三省之緒」[92]。川督錫良信任私人，委派貪官承辦鐵路事宜。留學生大失所望，著文痛斥道：「嗚呼！今之官場狼心狗肺如是，稍有人心者，寧不起破壞思想哉！」[93]在內地革命分子陸續東渡的推動下，留日學生的政治態度漸趨激烈。一九〇五年初議請歸政立憲之事，反映出這一變化。

　　先是，梁啟超指使同黨鄧孝可提出公議意見六條，要求清廷歸政立憲。各省同鄉會相繼開會討論，山西、江蘇、浙江、湖北等省表示中立，湖南、兩廣、直隸、安徽、福建、雲南、江西、山東、貴州等省則予以反對，廣西同鄉會還明確提出：「抵禦瓜分之策，以革命為宗旨」[94]。會館幹事及各省評議員大會，反對者占十分之九。與此同

90　《胡漢民自傳》，《近代史資料》，1981年第2期，第12-13頁。

91　《駐日欽使電告日本留學生情形》，《大陸》第3年第3號，1905年3月30日。

92　《東京留學四川學生為川漢鐵路事敬告全蜀父老》，《新民叢報》第3年第10號，1904年12月7日。

93　《東京留學界天君蛻與本館記者書》，《大陸》第2年第12號，1905年1月25日。

94　《東京留學界議請歸政立憲之匯志》，《大陸》第3年第2號，1905年3月15日。

時，各省學生紛紛發表反對川策議論於會館參議簿，「即四川學生，亦不盡贊同」[95]。保皇派的預謀遂告失敗。事後，留學生會館幹事「以祖國艱危，擬將會館章程大行整頓，一經公決，則此後聯絡全體，振起精神，正為他日之預備。」[96]連官紳出身者也有不少轉向革命。同盟會初期成員，即以這兩年東渡者居多。

隨著留學生政治傾向日趨激進，一些以反清革命為職志者感到，須將個人的分散行動變為有組織的集體行動，以增大能量，相繼發起建立一些秘密小團體，如秋瑾、劉道一等人的十人會，仇鼇、余煥東等人的新華會，梁耀漢等人的義勇鐵血團，鄧家彥、康寶忠等人的「革命團體」等。馮自由、梁慕光等在橫濱發起洪門三合會，兩次加盟的留學生達數十人之多。這些小團體缺乏明確的革命綱領和系統組織，有的甚至「沒有甚麼名稱，只叫革命團體，也沒有首領」[97]，而且規模小，沒有統一行動計劃和紀律，約束力不足，聚則為團體，散則無組織。如義勇鐵血團成員歸國後，「皆因各謀私事，不能履行原訂計劃。二三有志者又苦於孤掌難鳴。」[98]這些僅具雛形的團體甚至舊式結社也能吸引留學生，可見他們要求組織結合的迫切。

一九〇四年萬福華事件後，清政府加緊搜捕反清志士，東京一時間成為革命分子的淵藪。此後半年間，留日學生至少有過三次聯合組黨的嘗試。先是程家檉、潘贊華等因各省革命分子漸次東渡，「力為聯合革命之說，日以益振」[99]。繼而光復會成立不久，陶成章約魏蘭

---

95 《告讀者》，《大陸》第3年第3號，1905年3月30日。

96 《東京留學生會館整頓章程》，《大陸》第3年第3號，1905年3月30日。

97 居正修記錄：《訪問鄧家彥先生第一講》，中華民國開國五十年文獻編纂委員會編印：《中華民國開國五十年文獻》第1編第11冊，臺北，1962年版，第343頁。

98 梁鍾漢：《我參加革命的經過》，中國人民政治協商會議湖北省委員會編：《辛亥首義回憶錄》第2輯，武漢，湖北人民出版社1979年版，第5頁。

99 宋教仁：《程家檉革命大事略》，《國史館館刊》第1卷第3期，1948年8月。

赴東，「乙巳正月，與魏等晤於東京；並與黃興、蔣智由、陳威、陳毅、秋瑾、彭金門各志士，共磋商」[100]。再者黃興、宋教仁等到東京後，「以同志日漸加多，意欲設立會黨，以為革命之中堅。」[101]

　　這些努力均未成功。原因之一，如馮自由解釋：「顧以各派勢均力敵，未能集中力量，合組一大團體，以與清政府抗衡。」[102]秦力山剖析當時進步知識界的狀況道：「今日風氣固已大開，其稍動愛國之感情者，較之三年前已不啻千倍，則決計犧牲一身以報國家者，亦不啻什百。是則昔有所謂黨而惜其無人，今有所謂人而憂其不黨。」尤其是學生社會中，「一則以小團體中志節之腐敗，遂刺激而離其群，不得已而欲以獨力一泄其孤憤；一則多由外界對於本團體感情之惡，不欲以眾濁而混其一清」，因而「志士皆以結黨為畏途，反趨於單獨主義」，「以立大黨為志者，殆絕無也」[103]。

　　原因之二，建立革命大團體，需要有理論為引導和凝聚，特別是其主體為新式知識分子時，更要求理論的相對完整與系統。胡漢民二次到東時，在留學界影響最大的是章太炎、鄒容等人的著作，「惟鄒、章只言破壞，不言建設，只為單純的排滿主張，而政治思想殊形薄弱，猶未能征服留學界『半知識階級』之思想也。」他因而與朱執信等人努力鑽研西方政治法律學說，「猶未得革命實行之要領」[104]。可見留學生已認識到革命理論的指導作用，卻無人能夠承擔總結提倡的重任。

　　原因之三，從留日學界的實際狀況看，既有各團體均不足以成為

100 張篁溪：《光復會首領陶成章革命史》，中國史學會編：《中國近代史資料叢刊·辛亥革命》（一），第523頁。

101 宋教仁：《程家檉革命大事略》，《國史館館刊》第1卷第3期，1948年8月。

102 馮自由：《革命逸史》第2集，第136頁。

103 彭國興、劉晴波編：《秦力山集》，第163-164頁。

104 《胡漢民自傳》，《近代史資料》1981年第2期，第16-17頁。

中樞核心。光復會雖與留日學生關係密切，主要力量尚在國內；湖北科學補習所成員星散，留在武漢者另組日知會；留學界中只有華興會影響較大。而華興會並非定型的團體，長沙起義不果，組織運作即近停頓。黃興等人逃亡到滬，很快「又相共立一團體在上海新馬路餘慶裡，顏面曰『啟華譯書局』」[105]，推楊毓麟為會長。不久，因萬福華事件牽連，組織復遭破壞。東渡日本後，原華興會會員過從甚密，但多為個人交往，而非團體聚會。宋教仁發起《二十世紀之支那》社，曾邀黃興參加，黃不表贊同。陳天華主持東新譯社，雖一度擔任《二十世紀之支那》總編輯，尚未發刊即因故辭職，並引起社內衝突，一部分人隨之退出，幾乎導致雜誌社坍臺。該社成員主要是宋教仁在湖北讀書時的同學，陳天華辭職後，由程家檉接任總編輯，黃瀛元充當總庶務，除宋教仁外，在東京的華興會員很少與《二十世紀之支那》發生聯繫。所以，該社與華興會並無任何組織關係，既非後者主辦，也不是周邊機構。

另據程潛回憶，一九〇四年底黃興等人聯合滇、蘇、豫、直等省學生組織過革命同志會，「從事民族革命」[106]，一說一九〇五年湘鄂學生還組織過大湖南北同盟會。[107]但宋教仁日記中毫無反映，至少可以證明他本人及《二十世紀之支那》社未與其事。[108]據查，一九〇三年五月出版的《湖北學生界》第五期已刊登「大湖南北同盟會」的廣告，該會是為打破同鄉會界限而成立的跨省聯合機構，並非秘密團

---

105 湖南省哲學社會科學研究所古代近代史研究室校注：《宋教仁日記》，第11頁。應為啟明譯書局。

106 程潛：《辛亥革命前後回憶片斷》，中國人民政治協商會議全國委員會文史資料研究委員會編：《辛亥革命回憶錄》第1集，第70頁。

107 吳相湘：《民國百人傳》，臺北，傳記文學出版社，1979年版，第382頁。

108 日本菊池貴晴所著《現代中國革命的起源》（東京，巖南堂書店，1970年版）稱大湖南北同盟會由宋教仁發起，不知所據。

體。同盟會成立前，孫中山詢問陳天華等人：「此間同志多少如何？」陳只是「將去歲湖南風潮事稍談一二及辦事之方法」。[109]至於黃興等人討論是否加入「孫逸仙會」，是因為孫提出要「聯絡湖南團體中人」，而華興會尚未宣告解散，才有此不了了之的善後會議。同盟會成立後，興中會、光復會仍有組織脈絡可尋，只有華興會完全消失，也表明其早已名存實亡。

華興會務不振，原因在於內部。長沙起義失敗後，除張繼外，會員中的它省留學生多未重返日本，而抵日的會員又發生分裂，徐佛蘇、羅傑、薛大可、楊德鄰、陳其殷等人為梁啟超所誘，紛紛倒戈，甚至陳天華亦為之所動，「發有要求救亡意見書於留學界，其宗旨專倚賴政府對外與對內之政策，而將北上陳於政府。」[110]宋教仁等人也和立憲派較多接觸，不僅《二十世紀之支那》社中有傾向立憲者，宋還一再拉立憲派的雷道亨和《新民叢報》社的蔣智由為《二十世紀之支那》撰寫發刊辭，並屢次向王璟芳約稿。[111]

這些異動引起留學生的不滿和批評。《警鐘日報》刊登署名「青桐」的來稿《嗚呼保皇黨之傀儡》，揭示其原因道：「其或有新渡之士，於世界大勢民族之談，見之未真，而梁氏乃鼓其簧舌，俾以先入之言為主；又或實行之徒，累逞不得志，而梁氏乘其頹喪之頃，陰說以漸進之利。凡此種種，諒亦有之。」要求「亟當嚴整自治之法團，殄其對待不肖之種子」，[112]從留學界清除梁啟超的傀儡。缺乏完整綱領、系統理論和嚴密組織的華興會，不能為革命活動提供方向指導，在思想和組織上抵拒保皇派的侵襲，團聚廣大學生。所以，儘管黃

---

109 湖南省哲學社會科學研究所古代近代史研究室校注：《宋教仁日記》，第90頁。
110 湖南省哲學社會科學研究所古代近代史研究室校注：《宋教仁日記》，第31頁。
111 王璟芳原為《湖北學生界》編輯，有資料說他參加過社內秘密排滿同盟，待查證。
112 引自《廣東日報》1905年3月15日。作者為章士釗。

興、宋教仁、陳天華等是精明強幹的活動家宣傳家,華興會卻不能成為留日學生的革命中堅。[113]黃興等人對此或許早有認識,因而每每準備另樹旗幟,而不再使用華興會的名義。

原因之四,孫中山在布魯塞爾建立革命團體後,即由留歐學生作函介紹於東京的但燾、時功玖、耿覲文等人,程家檉、鄧家彥等亦間接獲悉。這時通過書刊宣傳和宮崎寅藏等人的介紹,留日學生對孫中山已有較多認識,均翹首望其東來。黃興等欲組建團體時,程家檉力阻之,說:「近得孫文自美洲來書,不久將遊日本。孫文於革命名已大震,腳跡不能履中國一步。盍緩時日以俟其來,以設會之名奉之孫文,而吾輩得以歸國,相機起義,事在必成。」[114]另據曹亞伯記:「黃興來後,欲結合各省之同志立一革命總機關,而戊戌政變後長沙時務學堂逃去之一班學生,如楊度、范源廉等,俱不願戴黃興為首領」[115],於是黃興也期待孫中山的幫助。

一九〇五年的留學界,革命風氣蒸蒸日上,建立革命大團體成為迫待解決的中心問題。然而群龍無首,漫無組織,最後的促成有待於孫中山的揚帆東航。

---

113 辛亥以後,一些華興會員或與之有關的人,對該會的作用有所拔高,表現為,一,提早黃興等人實行革命和華興會正式成立的時間;二,誇大萬福華事件後華興會的組織活動及其在同盟會組建中的作用。前者如黃興作為軍國民教育會運動員歸國不是發動革命,至少在抵武漢前,他沒有實行武力反清。一九〇三年十一月四日,陳天華、章士釗、張繼、秦毓鎏、蘇玄英、翁浩、楊毓麟、吳祿貞、譚人鳳、劉揆一、柳大任、龍璋等人不在長沙,華興會只是著手籌備。後者如乙巳黃興回湘起義之說,已被訂正(毛注青:《黃興乙巳回湘歷險訂謬》,《辛亥革命史叢刊》編輯組編:《辛亥革命史叢刊》第2輯,北京,中華書局,1980年12月)。

114 宋教仁:《程家檉革命大事略》,《國史館館刊》第1卷第3期,1948年8月。

115 曹亞伯:《武昌革命真史》,上海,中華書局,1930年版,第15頁。

四　結大團體

　　拒俄運動後，孫中山趁革命風潮鼓蕩之機，從思想上組織上對保皇派發動反擊，成效顯著，其影響不僅限於美洲，上海的《大陸》、《警鐘日報》、香港的《廣東日報》，都報導過有關情況。同時，孫中山基本完成其革命理論的創建，將除舊與布新融匯貫通，可以滿足知識界的精神需求，這就為吸引留學生，建立革命大團體奠定了思想基礎。

　　一九〇四年底，孫中山自美洲抵歐，在布魯塞爾首創革命團體。據朱和中《歐洲同盟會紀實》，孫中山曾與之就以會黨還是以新軍及知識分子為主體的問題，辯論三日夜，最後孫接受其意見，才決定「今後將發展革命勢力於留學界」[116]。一些學者以此為據，認為孫中山至此仍對知識分子採取輕視態度[117]。這樣一來，一九〇五年同盟會成立於留日學界似乎純屬偶然。但從各方面看，雙方爭論的焦點在於武裝起義依靠新軍還是會黨，並不涉及知識分子在革命中的整體地位與作用，更無輕視之意。理由如下：

　　一、劉成禺說：「甲辰先生由日來美，謀開黨之大團結。先生曰：『自《蘇報》鄒容《革命軍》發生後，中國各省已造成士大夫豪俊革命氣象，但無綱領組織，徒籍籌款，附黨於三合會，不足成中國大事也。』乃謀設同盟會，指揮事業。」[118]則孫中山聚集知識分子組

116　中國人民政治協商會議全國委員會文史資料研究委員會編：《辛亥革命回憶錄》第6集，第6頁。

117　王德昭：《同盟會時期孫中山先生革命思想的分析研究》，中華民國開國五十年文獻編纂委員會編印：《中華民國開國五十年文獻》第1編第11冊；Jeffrey G. Barlow: *Sun yat-sen and the French*, 1900-1908，《中國研究專刊》第14期，伯克利加州大學，1979版；薛君度著，楊慎之譯：《黃興與中國革命》，湖南人民出版社，1980年版。

118　劉成禺：《先總理舊德錄》，《國史館館刊》創刊號，1947年12月。

建革命團體的計劃不自比京始。此回憶可以從孫中山在美洲所寫致公堂公啟得到映證:「近者各省讀書士子遊學生徒,目擊滿清政府之腐敗,心傷中華種族之淪亡,莫不大聲疾呼,以排滿革命為救漢種獨一無二之大法門。無如新進志士,雖滿腔熱血,衝天義憤,而當此風氣甫開,正如大夢初覺,團體不大,實力未宏,言論雖足激發一代之風潮,而實事尚未能舉而措之施行也。」[119]這與其他革命黨人的看法不謀而合。被視為「孫黨」的秦力山鑒於留日學生皆具愛國心,「以學生之力量,則雖有千百滿政府,已不足以當之」,因而主張立黨聯絡,協調指揮,以製造「暢行其志」[120]的時機。

二、與孫中山歷來對知識分子的看法不相吻合。如前所述,他很早就從總結太平天國失敗的教訓中,認識到知識分子地位與作用的極端重要,並制定了相應的爭取聯絡計劃。一九〇一年春,在與美國《展望》雜誌記者談話時,還特別表示了對留學生的器重和期望:「他擁有一批優秀的、被他稱為現代中國青年的追隨者,他們曾在英國、火奴魯魯和日本等地受教育,其中一些人家道殷實,必要時能為革命提供需要的資金,因為他們相信這是拯救祖國的唯一方法。」[121]這表明他對留學生早予信任,或者說他知道只有得到留學生的擁護支持,新型革命事業才有成功的希望。即使在美洲與保皇派奮戰之際,孫中山仍關注留日學界,囑咐「在東國同志,暫為堅守,以待好機之來。」[122]

三、朱和中本人早年所寫《辛亥光復成於武漢之原因及歐洲發起同盟會之經過》一文,對同一事情的記載大不相同:孫中山「問予等

---

119 《警鐘日報》1904年7月2日。

120 彭國興、劉晴波編:《秦力山集》,第160-163頁。

121 廣東省社會科學院歷史研究室、中國社會科學院近代史研究所中華民國史研究室、中山大學歷史系孫中山研究室合編:《孫中山全集》第1卷,第210頁。

122 廣東省社會科學院歷史研究室、中國社會科學院近代史研究所中華民國史研究室、中山大學歷史系孫中山研究室合編:《孫中山全集》第1卷,第241頁。

將來成事之方略，予答以改換新軍之頭腦，由營中起義。先生不肯信，謂兵士以服從為主，不能首義，首義之事，仍須同志自為之。」他還要求改革會黨條規，「使學生得以加入，領袖若輩，始得有濟。」[123]非但沒有輕視知識分子之意，反而主動提出以學生為主導。其他當事者如賀之才等人的回憶，也僅涉及如何使用新軍與會黨的分歧。當時革命黨的社會基礎主要是華僑、會黨和知識界，孫中山既然打算組建新型革命團體，實行民主革命，依靠知識分子便是他唯一的選擇。

　　一九〇五年七月，孫中山抵日，在留學生和日本友人的幫助下，積極聯絡，組黨活動進展順利，甫一月而同盟會宣告成立，除甘肅無留學生外，各省均有人加盟。孫中山七月十九日方到日本，在橫濱逗留數日後轉往東京，七月三十日就召開籌備會議。短短十天內取得如此碩果，除留學生眾望所歸外，還有具體原因。首先，孫中山組建大團體的主張，與激進知識分子的願望契合。一九〇四年底，上海《警鐘日報》即呼籲「增進國民之程度，鼓舞其民氣，統一其主義，同心合一，團結一大團體，以養成我國國民共和政體之資格。」[124]一九〇五年六月，秦力山撰寫《說革命》長文，探討革命的宗旨方法，特別強調立黨設總機關的重要。他說：「吾國二十世紀劈頭一大殺風景事」，便是「昔有黨而無人，今有人而無黨」。如果「革新之運動，不能一致而群策群力，則效力恐終難望也。」在列舉無大團的種種流弊後，他進而指出：「故支那人不欲新其國則已，若欲新其國，則絕非聯為一致不可。若欲聯為一致，其非有一國民總機關不可。」呼籲抓住「千載一時之機會」[125]，立黨救國。這些言論表達了國內外知識界

123　《建國月刊》第2卷第5期，1930年。

124　新中國主人：《論共和政體》，《警鐘日報》1904年12月24日。

125　彭國興、劉晴波編：《秦力山集》，第163-164頁。

的共同心聲。

其次，孫中山對於爭取留學生不僅有所布署，而且身體力行。一九〇三年他即囑託馬君武、胡毅生等「在東物識有志學生，結為團體，以任國事」[126]。到日本後，又在京、濱兩地連續會見留學界各方代表，發動爭取，使組黨工作加速進行。

再次，程家檉等人的大力協助。兩年前他們接受孫中山的委託後，即開始聯絡發動。胡毅生在廣東學生中將孫的「言行介紹於眾，眾皆興奮，渴欲一見。」[127]馬君武對廣西學生，程家檉對兩湖學生及《二十世紀之支那》社也做了大量工作。孫中山抵日前，他們將消息廣為傳布，「同人歡動」。孫抵橫濱，「復由程家檉傳告，東京學生往來京濱之間者甚夥。」[128]此後，他們一面加緊聯絡，一面為孫中山引薦，出席籌備會議人員亦由他們通知到會。所以，孫中山後來說，同盟會的成立，馬、胡等人「多有力焉」[129]。

關於同盟會的成立，有一種通行的說法，即是興中、華興、光復三會的組織聯合。實則出席同盟會籌備會議的七十餘人中，屬華興會的為黃興、宋教仁、張繼、陳天華、劉道一、柳揚谷等六人，屬興中會的為孫中山、馮自由、黎勇錫、胡毅生、朱少穆等五人，光復會僅蔣尊簋一人，總共不過十二人。加上屬科學補習所的曹亞伯、余誠，屬革命團體的鄧家彥、康寶忠，原來有組織系統者僅十六人。而且光復會本部未與其事，該會的秋瑾雖在東京，到八月二十七日才加盟。鄧家彥稱其團體成員「一起都加盟」[130]，實為後來陸續加入。《二十

---

126 《革命原起》，中國史學會編：《中國近代史資料叢刊・辛亥革命》（一），第10頁。
127 胡毅生：《同盟會成立前二三事之回憶》，馮自由：《革命逸史》第5集，第36頁。
128 田桐：《同盟會成立記》，《中華民國開國五十年文獻》第1編第11冊，第157-158頁。
129 《革命原起》，中國史學會編：《中國近代史資料叢刊・辛亥革命》（一），第10頁。
130 《訪問鄧家彥先生第一講》，《中華民國開國五十年文獻》第1編第11冊，第344頁。

世紀之支那》社成員也不是集體加盟。華興會員討論的結果，決定聽憑「個人自由」[131]，不加組織約束。

這時華興會已經分裂，一部分倒向保皇派，有的雖傾向革命，卻不願加盟，如章士釗、劉揆一，這次會議等於宣布解散。儘管同盟會初期兩湖留學生舉足輕重，出席籌備會的七十餘人中，湖南、湖北各二十人，占百分之五十四強，但華興會不能代表兩湖學生。孫中山爭取華興會，只是整個聯絡活動的一部分，認為同盟會順利建成是因為得到華興會支持的看法，不免以偏概全。孫中山曾設想過團體聯合，卻未能實現。集體轉入同盟會的，只有興中會一家。顯然，同盟會是孫中山與留日學界來自全國各地的革命分子相結合的結果。團體聯合的觀點，抹殺了多數會員的作用，還影響對後來同盟會內部分歧的認識，似乎會中仍有幾個潛在的組織系統，誇大地緣派系的矛盾，實際上貶低了同盟會的地位和意義。

同盟會的成立加速了留日學界的革命化。到九月，入會者已有三四百人，[132]一年後，更達萬餘留學生之過半數。[133]在同盟會的旗幟下聚集著各地的革命知識精英，使中國革命有了領導中樞，能量大增。「從此革命風潮一日千丈，其進步之速，有出人意表者矣。」目睹眾多「學問充實，志氣堅銳，魄力雄厚」，「文武才技俱有之」的「飽學之才」投身革命，孫中山不禁欣喜「中國前途誠為有望」[134]，「始信革命大業可及身而成矣」[135]。

---

131 湖南省哲學社會科學研究所古代近代史研究室校注：《宋教仁日記》，第91頁。

132 廣東省社會科學院歷史研究室、中國社會科學院近代史研究所中華民國史研究室、中山大學歷史系孫中山研究室合編：《孫中山全集》第1卷，第286頁。

133 光緒三十二年十一月《與夫子大人書》，丁文江、趙豐田編：《梁啟超年譜長編》，第373頁。

134 廣東省社會科學院歷史研究室、中國社會科學院近代史研究所中華民國史研究室、中山大學歷史系孫中山研究室合編：《孫中山全集》第1卷，第286-287頁。

135 《革命原起》，中國史學會編：《中國近代史資料叢刊・辛亥革命》（一），第11頁。

　　知識分子是全社會首先覺悟的部分，二十世紀初的中國留日學生，更是新知識群的先鋒。一個全國性革命大團體的組建，有賴於他們的數量增長和品質變化。留學生的愛國運動和國內的學界風潮，是二十世紀初中國學生革命化的兩條主線。留學生多從反對民族歧視，維護爭取民族權利起步，由愛國走向革命，國內學生則首先破除學堂內部的專制腐敗，逐漸上升到反對皇權專制統治。兩條主線相互激蕩，東京革命中心終告形成。同盟會的成立，正是孫中山長期努力和新知識界革命化的必然結果。

再版後記

　　本書首版，已逾十年。相關認識，間有變化之處。初版後，隨時有所校訂，原擬再版時略作修改。但一則友人告以最好儘量保持原狀，以便利用；二則調整的認識陸續寫入新的論著之中，可以比較參看。因此，本版只做若干技術性改動：一，校正或補注個別字句的錯誤。二，調整、增加自然分段。三，依照現行規定統一規範注釋。四，重新編排徵引文獻。五，增附主要人名索引。

徵引書目

一　著述文獻

愛國青年：《教育界之風潮》，上海，1903年。

曹亞伯：《武昌革命真史》，中華書局，1930年。

陳天華著：《中國國民黨叢書・陳天華集》，上海，中國文化服務社
　　　　　1946年。

陳旭麓、郝盛潮主編、王耿雄等編：《孫中山集外集》，上海人民出版
　　　　　社，1990年。

陳永正編注：《康有為詩文選》，廣州，廣東人民出版社，1983年。

丁文江、趙豐田編：《梁啟超年譜長編》，上海人民出版社，1983年。

Don. C. Price: *Russia and the Roots of the Chinese Revolution*, 1896-1911.
　　　　　Harvard University Press, 1974.

東亞同文會編：《對華回憶錄》，上海，商務印書館，1959年。

杜邁之、劉泱泱、李龍如輯：《自立會史料集》，長沙，嶽麓書社，
　　　　　1983年。

Edward. J. M. Rhoods: *China's Republican Revolution: The Case of
　　　　　Kuangtung*, 1895-1913. Harvard University Press, 1975.

方志欽主編，蔡惠堯助編：《康梁與保皇會——譚良在美國所藏資料
　　　　　彙編》，天津古籍出版社，1997年。

馮自由：《革命逸史》，北京，中華書局，1981年。

馮自由:《中華民國開國前革命史》,重慶,中國文化服務社1944年。

宮崎龍介、小野川秀美編:《宮崎滔天全集》,東京,平凡社,1971
　　　年。

宮崎滔天著,佚名初譯,林啟彥改譯、注釋:《三十三年之夢》,廣
　　　州,花城出版社、三聯書店香港分店聯合出版,1981年。

宮崎寅藏:《支那革命軍談》,東京,法政大學出版局,1967年。

故宮博物館編印:《清光緒朝中日交涉史料》,1932年。

顧廷龍、葉亞廉主編:《李鴻章全集》(三),上海人民出版社,1987
　　　年。

廣東省社會科學院歷史研究室、中國社會科學院近代史研究所中華民
　　　國史研究室、中山大學歷史系孫中山研究室合編:《孫中山
　　　全集》第1卷,北京,中華書局,1981年。

廣東省社會科學院歷史研究所、中國社會科學院近代史研究所中華民
　　　國史研究室、中山大學歷史系孫中山研究室合編:《孫中山
　　　全集》第8、9、10卷,北京,中華書局,1986年版。

何如璋:《使東述略》,鍾叔河主編:《走向世界叢書》,長沙,嶽麓書
　　　社,1985年。

胡繩武主編:《戊戌維新運動史論集》,湖南人民出版社,1983年。

胡珠生:《〈宋恕日記〉摘要箋證》,《中國哲學》,第11輯。

湖南省哲學社會科學研究所編:《唐才常集》,北京,中華書局,1980
　　　年。

湖南省哲學社會科學研究所古代近代史研究室校注:《宋教仁日記》,
　　　長沙,湖南人民出版社,1980年。

湖南省志編纂委員會編:《湖南省志・第一卷・湖南近百年大事記
　　　述》,長沙,湖南人民出版社,1959年。

黃福慶:《清末的留日學生》,臺北,中央研究院近代史研究所,1971
　　　年。

黃藻編：《黃帝魂》，臺北，1968年。

Jeffrey G.Barlow: *Sun Yat-sen and the French*, 1900-1908.《中國研究論叢》，第14號，1979年。

姜義華：《章太炎思想研究》，上海人民出版社，1985年。

姜義華、朱維錚編注：《章太炎選集》，上海人民出版社，1981年。

蔣貴麟編：《萬木草堂遺稿外編》，臺北，成文出版社，1978年。

蔣坎裳編：《浙江高等學堂年譜》，油印本，1957年。

蔣維喬：《鷦居日記》，上海圖書館藏稿本。

蔣永敬：《從吳稚暉的留英日記來補正國父幾次旅英日程的缺誤》，《傳記文學》第26卷。

金天翮：《天放樓文言遺集》，1917年排印本。

近藤邦康：《井上雅二日記──唐才常自立軍蜂起》，《國家學會雜誌》，98-1、2合刊，1985年。

居正著：《梅川日記》，上海，大東書局，1933年。

菊池貴晴：《現代中國革命の起源──辛亥革命の史的意義》，東京，嚴南堂書店，1970年。

J. Y. Wong: *The Origin of An Heroic Image*: *Sun Yat-sen in London*, 1896-1897. 1986.

K. Biggerstaff: *The Earliest Modern Government School in China*. New York, Cornell University Press, 1961.

孔祥吉：《晚清史探微》，成都，巴蜀書社，2001年。

孔祥吉：《晚清佚聞叢考──以戊戌維新為中心》，成都，巴蜀書社，1998年。

梁啟超：《飲冰室文集》，乙巳本。

梁啟超著，舒蕪校點：《飲冰室詩話》，北京，人民文學出版社，1982年。

林志鈞編：《飲冰室合集》，上海，中華書局，1936年。

劉聖宜主編：《嶺南歷史名人研究》，廣州，中山大學出版社，2002年。

羅剛編著：《中華民國國父實錄》，臺北，財團法人羅剛先生三民主義獎學金基金會，1988年。

羅家倫主編、黃季陸增訂：《國父年譜》，中國國民黨中央黨史史料編纂委員會，臺北，1969年。

Marianne bastid, Translated by Paul J.Bailey: *Educational Reform inEarly 20th-century China*. Michigan University, 1988.

《清德宗景皇帝實錄》，北京，中華書局，1987年。

清國留學生會館編：《清國留學生會館第二次報告》，自壬寅九月起癸卯二月止。

清國留學生會館編：《清國留學生會館第四次報告》，自癸卯九月起甲辰三月止。

清國留學生會館編：《清國留學生會館第五次報告》，自甲辰四月起十月止。

中國人民政治協商會議全國委員會文史資料研究委員會編：《辛亥革命回憶錄》第1-6集，北京，文史資料出版社，1981年。

彭國興、劉晴波編：《秦力山集》，北京，中華書局1987年。

榮孟源、章伯峰主編：《近代稗海》第1輯，成都，四川人民出版社1985年。

商衍鎏：《清代科舉考試述錄》，北京，生活‧讀書‧新知三聯書店，1958年。

上村希美雄：《宮崎兄弟傳》，葦書房有限會社，1984年。

上海市文物保管委員會編：《康有為與保皇會》，上海人民出版社，1982年。

上海通社編:《上海研究資料續集》,上海,中華書局,1939年。

上海圖書館編:《汪康年師友書札》(一),上海古籍出版社,1986年。

上海圖書館編:《汪康年師友書札》(二),上海古籍出版社,1986年。

上海圖書館編:《汪康年師友書札》(三),上海古籍出版社,1987年。

上海圖書館編:《汪康年師友書札》(四),上海古籍出版社,1989年。

實藤惠秀著,譚汝謙、林啟彥譯:《中國人留學日本史》,北京,生活· 讀書· 新知三聯書店,1983年。

史扶鄰著,丘權政、符致興譯:《孫中山與中國革命的起源》,北京,中國社會科學出版社,1981年。

舒新城:《中國近代教育史資料》,北京,人民教育出版社,1961年。

孫寶瑄:《忘山廬日記》,上海古籍出版社1983年。

譚精意供稿,阮芳紀、黃春生、吳潔整理:《有關保皇會十件手稿》,《近代史資料》,總80號,1992年1月。

湯志鈞編著:《乘桴新獲》,南京,江蘇古籍出版社,1990年。

湯志鈞編:《康有為政論集》上下冊,北京,中華書局,1981年。

湯志鈞編:《章太炎政論選集》上下冊,北京,中華書局,1977年。

田野桔次:《最近支那革命運動》,上海,新智社,1903年。

汪詒年編纂:《汪康年遺著》,1920年鉛印本。

王彥威輯:《清季外交史料》,北平,1933-1935年。

吳相湘:《民國百人傳》,臺北,傳記文學出版社,1979年。

吳相湘:《孫逸仙先生傳》,臺北,遠東圖書公司,1982年。

謝纘泰著,江煦棠、馬頌明譯:《中華民國革命秘史》,廣東省政協文史委員會編:《廣東文史資料:孫中山與辛亥革命史料專輯》,廣州,廣東人民出版社,1981年。

徐蔚南編:《蔡柳二先生壽辰紀念集》,上海,中華書局,1936年。

薛君度著,楊慎之譯:《黃興與辛亥革命》,長沙,湖南人民出版社,1980年。

蕭公權：*Rural China Imperial Control in te Nineteenth Crntury. Seattle*, 1960.

岩村忍編：《南方熊楠全集》，東京，平凡社，1971年。

楊天石、王學莊編：《拒俄運動：1901-1905》，北京，中國社會科學出版社，1979年。

葉瀚：《塊餘生自紀》，《中國文化研究集刊》第5輯，上海，復旦大學出版社，1987年。

章炳麟：《太炎文錄》，上海古書流通處，1924年。

章氏國學講習會編：《太炎文錄續編》，武漢印書館1938年。

張難先：《湖北革命知之錄》，上海，商務印書館，1946年。

張玉法：《清季的革命團體》，中央研究院近代史研究所，臺北，1975年。

張玉法：《清季的立憲團體》，中央研究院近代史研究所，臺北，1971年。

張之洞著、王樹枏編：《張文襄公全集》，北京，中國書店，1990年。

中國第一歷史檔案館、北京師範大學歷史系編選：《辛亥革命前十年間民變檔案史料》，北京，中華書局，1985年。

中國國民黨中央黨史史料編纂委員會編：《革命先烈先進傳》，臺北，1965年。

中國國民黨中央黨史史料編纂委員會編：《革命先烈先進詩文選集》，臺北，1965年。

中國國民黨中央黨史史料編纂委員會編：《吳稚暉先生全集》，臺北，1969年。

中國人民政協廣東省委員會文史資料研究會編：《廣東辛亥革命史料》，廣州，廣東新華書店，1962年。

中國社會科學院近代史研究所中華民國史研究室、中山大學歷史系孫

中山研究室、廣東省社會科學院歷史研究室：《孫中山全集》第2卷，北京，中華書局，1982年。

中國社會科學院近代史研究所中華民國研究室、中山大學歷史系孫中山研究室、廣東省社會科學院歷史研究室合編：《孫中山全集》第3、4卷，北京，中華書局，1984年。

中國社會科學院歷史研究所第三所主編：《中國近代史資料叢書‧劉坤一遺集》（1-5冊），北京，中華書局，1959年。

中國史學會主編：《中國近代史資料叢刊‧戊戌變法》，上海，神洲國光社，1953年。

中國史學會主編：《中國近代史資料叢刊‧辛亥革命》，上海人民出版社，1956年。

中華民國開國五十年文獻編纂委員會編：《中華民國開國五十年文獻》，臺北，1962-1963年。

中山大學歷史系孫中山研究室、廣東省社會科學院歷史研究所、中國社會科學院近代史研究所中華民國史研究室合編：《孫中山全集》第5、6、7卷，北京，中華書局，1985年。

《中外大事匯記》，上海，廣智書局，1898年。

朱壽朋編，張靜廬等校點：《光緒朝東華錄》，北京，中華書局，1958年。

朱英：《辛亥革命時期新式商人社團研究》，北京，中國人民大學出版社，1991年。

二　報刊

《時務報》　　　　　　　　《嶺東日報》

《湘學報》　　　　　　　　《廣東日報》

《知新報》　　　　　　　《江西官報》

《國聞報》　　　　　　　《湖南官報》

《清議報》　　　　　　　《俄事警聞》

《中國旬報》　　　　　　《中國白話報》

《開智錄》　　　　　　　《警鐘日報》

《北京群報》　　　　　　《二十世紀大舞臺》

《國民報》　　　　　　　《東方雜誌》

《中國日報》　　　　　　《女子世界》

《中外日報》　　　　　　《商務官報》

《大公報》　　　　　　　《復報》

《譯書彙編》　　　　　　《中興日報》

《外交報》　　　　　　　《民立報》

《蘇報》　　　　　　　　《民權報》

《新民叢報》　　　　　　《國民日日報彙編》

《文言報》　　　　　　　《國史館館刊》

《新世界學報》　　　　　《建國月刊》

《遊學譯編》　　　　　　《近代史資料》

《譯林》　　　　　　　　《光明日報》

《選報》　　　　　　　　《珠海文史》

《大陸》　　　　　　　　《文史資料選集》

《浙江潮》　　　　　　　《嶺南文史》

《江蘇》　　　　　　　　《中國社會經濟史研究》

《湖北學生界》　　　　　《中國近代經濟史研究資料》

《彙報》　　　　　　　　《歷史研究》

《政藝通報》　　　　　　《近代史研究》

《湖南通俗演說報》　　　《辛亥革命史叢刊》

《萃新報》　　　　　　　　《國外中國近代史研究》

《東浙雜誌》　　　　　　　《孫中山研究論叢》

《科學世界》　　　　　　　《大阪每日新聞》

《國民日日報》　　　　　　《東亞同文會報告》

《童子世界》　　　　　　　《思與言》

三　檔案

日本外交史料館檔案。

上村希美雄贈中山大學孫中山紀念館東京對陽館所藏興漢會史料照
　　　　片。

《容星橋訃告》，容氏後人家藏。

中華文化思想叢書 A0102010

清末新知識界的社團與活動　下冊

作　　者	桑　兵
版權策畫	李　鋒
責任編輯	楊家瑜

發 行 人	陳滿銘
總 經 理	梁錦興
總 編 輯	陳滿銘
副總編輯	張晏瑞
編 輯 所	萬卷樓圖書股份有限公司

臺北市羅斯福路二段 41 號 6 樓之 3
電話 (02)23216565
傳真 (02)23218698

出　　版	昌明文化有限公司

桃園市龜山區中原街 32 號
電話 (02)23216565

發　　行	萬卷樓圖書股份有限公司

臺北市羅斯福路二段 41 號 6 樓之 3
電話 (02)23216565
傳真 (02)23218698
電郵 SERVICE@WANJUAN.COM.TW

ISBN 978-986-496-108-5
2018 年 1 月初版
定價：新臺幣 300 元

如何購買本書：

1. 劃撥購書，請透過以下郵政劃撥帳號：
　　帳號：15624015
　　戶名：萬卷樓圖書股份有限公司
2. 轉帳購書，請透過以下帳戶
　　合作金庫銀行 古亭分行
　　戶名：萬卷樓圖書股份有限公司
　　帳號：0877717092596
3. 網路購書，請透過萬卷樓網站
　　網址 WWW.WANJUAN.COM.TW

大量購書，請直接聯繫我們，將有專人為您
服務。客服：(02)23216565 分機 610

如有缺頁、破損或裝訂錯誤，請寄回更換

國家圖書館出版品預行編目資料

清末新知識界的社團與活動 / 桑兵著.-- 初
版.-- 桃園市 ： 昌明文化出版 ；臺北市 ： 萬
卷樓發行, 2018.01
　　冊 ；　公分.-- (中華文化思想叢書)
ISBN 978-986-496-108-5(下冊 ： 平裝)
1.社會團體 2.清代
546.6　　　　　　　　　　107001274

本著作物經廈門墨客知識產權代理有限公司代理，由北京師範大學出版社（集團）有
限公司授權萬卷樓圖書股份有限公司出版、發行中文繁體字版版權。